# 25℃新雇主品牌

## 市值近千万亿美元行业巨擘的雇主品牌故事

高蕾 著

文汇出版社

**图书在版编目（CIP）数据**

25℃新雇主品牌：市值近千万亿美元行业巨擘的雇主品牌故事／高蕾著 .— 上海：文汇出版社，2020.4

ISBN 978-7-5496-3090-5

Ⅰ.①2… Ⅱ.①高… Ⅲ.①品牌－企业管理Ⅳ.①F273.2

中国版本图书馆 CIP 数据核字(2020)第008384号

**25℃新雇主品牌：市值近千万亿美元行业巨擘的雇主品牌故事**

著　　者／高　蕾
联合作者／木　兰
责任编辑／徐曙蕾
封面装帧／董红红

出版发行／**文匯**出版社
　　　　　上海市威海路 755 号
　　　　　（邮政编码 200041）

经　　销／全国新华书店
印刷装订／上海丽佳制版印刷有限公司
版　　次／2020 年 4 月第 1 版
印　　次／2020 年 4 月第 1 次印刷
开　　本／890×1240　1/32
字　　数／260 千字
印　　张／9.5

ISBN 978-7-5496-3090-5
定　　价／88.00 元

## 高蕾

**任仕达大中华区董事总经理**

　　高蕾女士在人力资源行业具备近 20 年工作经验，擅长制定运营策略，利用移动互联网等前沿技术提升运营效率，通过高管带教提升高管领导力。她熟悉中国劳动力市场及相关法律法规，深谙人力资源行业发展逻辑，精准把握行业未来动向，积极推进技术提升服务效率，以科技赋能企业转变思路及工作模式，同时提供更加人性化的专业服务，使任仕达大中华于市场逐步脱颖而出。

　　高蕾女士现担任上海市静安区第一届政治协商会委员、上海人才服务行业协会副会长。凭借卓越的领导力及行业影响力，她曾荣获 ATHENA 国家级女性领导力大奖、人力资源智库专家、中国人力资源科技影响力 TOP 人物，以及人力资源十大人物等称号。

# 序言

**复旦大学企业人力资源管理研究所 胡君辰**

　　我长期在大学工作，因此与大学生接触得比较多。大学生求职是大学后期的一项重要内容。在一次大学生人才招聘会上，我听到了一段很有意思的对话。

　　应聘的大学生："请问您认为我最在乎公司的是什么？"

　　公司招聘者："合理的薪酬回报。"

　　应聘的大学生："薪酬当然在乎，但不是最在乎，再猜猜。"

　　公司招聘者："自助式福利系统。"

　　应聘的大学生："也在乎福利系统，但还不是最在乎，再猜猜。"

　　公司招聘者："我猜不出了。到底你最在乎什么？"

　　应聘的大学生笑了笑说："我最在乎的是你们公司在最佳雇

主排行榜上的排名。"

我在与大学生交流和观察后发现：随着时代的变迁，大学生求职的关注点发生了一定的变化。20世纪90年代，大学生求职主要关注的是薪酬高不高；21世纪初，大学生求职的关注点变成福利好不好；最近几年，大学生求职在乎的是最佳雇主排行榜上的排名。大学生求职关注点的转变在青年群体中有相当大的代表性。

为什么年轻人的求职关注点会有这种变化呢？一来是由于中国经过四十年的改革开放，相当多的家庭已经完成了从温饱到小康，再到富裕的发展阶段，因此年轻人赚钱养家的欲望开始下降了；二来由于信息技术的发展，年轻人获得信息的渠道多样化，个性明显张扬，希望学到更多的东西，活出精彩的自我。因此他们更愿意与最佳雇主企业签约。

因此，企业要吸引人才，要持续发展，一定要成为最佳雇主。什么是最佳雇主呢？

最佳雇主是一类先进企业的代表。合法经营是最佳雇主的前提；共赢是最佳雇主的基础；持续盈利是最佳雇主的表象；口碑良好是最佳雇主的广告。

目前全球有许多最佳雇主排行榜，排行榜的指标也各有差异，但是基本原则是不变的：员工的评价是最终结果的基础。最佳雇主应该使员工具有发自内心的"四乐"：

乐于宣传——由于在工作场所感到身心愉悦，因此在各种可能的场合都自愿地宣传本公司的优势和亮点；

乐于续约——由于公司在实现组织目标的同时，充分考虑了员工的需求，因此员工愿意长期为本公司服务；

乐于努力——由于公司把员工当作合作伙伴，因此员工自觉地把本公司的目标当成自己的目标，为实现本公司的目标而竭尽全力地发挥自己的潜力；

乐于推荐——由于员工深感与本公司一起成长的乐趣，因此员工会主动向亲朋好友推荐本公司，真诚地希望他们加盟本公司。

任仕达公司的这本书《25℃新雇主品牌——市值近千万亿美元行业巨擘的雇主品牌故事》通过访谈，向读者介绍了超过二十家最佳雇主。从一个个小故事里面，使读者体会到企业如何尊重人才，力求成为最佳雇主的精粹。因此我认为这本书是引领企业成为最佳雇主的一个风向标，也是求职者的一种求职索引。

值得一提的是，任仕达在雇主品牌上的研究远不止于此，虽然目前市面上有许多"最佳雇主排行榜"，我还是由衷地推荐任仕达1999年就开启的"雇主品牌调研"。原因有以下三点：

一、任仕达是一家全球最具影响力的人力资源服务提供商。任仕达成立于1960年，总部位于荷兰阿姆斯特丹市。任仕达深耕中国逾10年，总部位于上海，覆盖华东、华北、华中，以及华南大亚湾区域一二线直营城市逾300个合作网点，提供中高端人才搜寻、岗位外包、人事代理、培训咨询等综合人力资源解决方案，以优异的财务表现长期位居财富榜 500 强。

二、编制方法比较科学。任仕达有一群较为专业的人士，他们既精通国际人才市场和最新理论，又熟悉中国的现状。他们根据市场的变化，根据求职需求的变化，根据求职者和员工的心理变化，及时调整相关的方法，保证最后的结果始终符合最佳雇主的基本原则。

三、样本比较全面。作为领跑全球的综合人力资源服务机构，在全球拥有近 4 万名员工，网络遍及全球 38 个国家和地区近 4 900 处分支机构，每日为近 70 万名候选人匹配岗位。作为全球独立、覆盖面广的第三方人力资源服务提供商，任仕达雇主品牌调研始终坚守广泛性、公正性和实用性，启用第三方调研机构客观评测，研究覆盖了全球包括 32 个国家和地区，每年超过 20 万名受访者、6 162 家企业参与调研。在完全尊重受访者意愿的基础上，调查结果提供横向、纵向关于建设雇主品牌的数据支持，其目的是从成千上万的企业中筛选出最具人才吸引力的雇主品牌，将充分显示出入围企业的雇主品牌知名度及其影响力。

最后，我呼吁：希望任仕达公司领头，制定和完善符合国际规范、适合中国现状的最佳雇主的标准和方法，以引领中国产生更多的最佳雇主企业，造福于中国人民，进而为世界经济的持续发展作出中国贡献。

2019 年 12 月 23 日

# 自序

在创新型人才引进上，与我们合作的一家总部设在美国的跨国公司，近几年却面临着人才吸引的困境。之前的十几年，他们不需要过多地宣传雇主品牌，一直理所当然地能招到中国一流大学最好的毕业生。但是这几年，风向发生了改变。

这家公司在学校礼堂举行的招聘会不再挤满人，反而较以前需要投入更多的时间与成本到更多的高校去做宣传。该公司的一位副总说，本土企业在世界经济舞台的崛起，使得中国大学毕业生对外国跨国公司的热情大大降低了。

这句话有失偏颇，因为本土企业在揽才上面临困境的也不在少数。而实际情况是商界的风向的确变了，科学技术与创新的竞争，使竞争越来越动态化了，使企业对创新人才的依赖性比之前增强了，对创新人才的争夺更加激烈了。新世代、新价值观，组织结构的颠覆，使雇主品牌在人才创新力的开发上显得比以往更加重要了。

因此，当企业时常沉浸在过去的经验值中，不思变化与创新时，往往就容易被遗忘。革新或改造成为"属于未来的企业"，将是企业成长的方向。

未来的雇主品牌将如何进化？如何帮助组织成长为"属于未来的企业"，获得创新的原动力？哪些雇主品牌特质有助于人

1

才吸引与保留？从优秀到卓越，雇主品牌如何支持企业腾飞？没有人掌握全部答案，但是他山之石可以攻玉。

这也是策划本书的初衷，旨在汇集中外知名企业、业界精英从执行到战略，从洞察到方法的宝贵经验与见解，为人力资源管理决策者提供一个视角，看见未来。

令我兴奋的是，在访谈中，我们发现了很多富有前瞻性的雇主品牌建设案例。很多外资企业在中国的发展上不拘一格，甚至把自己定位为本土企业，提出了"扎根中国，中国创造"的概念。不仅如此，有的企业还颠覆传统的组织架构，打开组织的边界，诉求更大的社会价值实现。海尔的员工创客化，自创业、自组织、自驱动，不断推动员工、组织和企业实现转型升级便是最好的典范。这也向我们展示了创新的源泉从来不是来自某一个人，而是来自组织氛围的营造，来自群体不断的颠覆与反复的迭代和共创。

值得一提的还有引领新型灵活办公的 WeWork。作为全球最有价值的初创企业之一，他们凭借创新性的设计、科技的应用与有温暖的社区，开启了"从我到我们"的办公新时代，通过共享和社交，为不同背景的创造者，营造了一个更开放、更适于互动、能激发更多创意的社区交流平台，这个社区平台连接了内外，连接了不同的行业企业。

类似创新的举措不胜枚举，这些企业不但在激发创新、营造高绩效组织上守正用奇，在员工关怀、企业社会责任感的践行上，更是独树一帜，别具温情。

像一座灯塔，守护着每一位员工的全球照明领导者昕诺飞，在变革到来的时候，不放弃每一位员工，通过轮岗、技能转换，对不断缩减的业务线员工进行转职，填补高速增长业务带来的新职位需求。在团队建设上，昕诺飞避开传统企业文化中的厚重感，将"轻文化"的轻松与活泼注入到员工关系活动中，用文化情怀的细节去融合代际关系。

倡导"快乐完美"组织文化氛围的影游综合体完美世界，将公益活动与雇主品牌相融合，将中国传统文化融入游戏产品中，让"传统文化潮起来"，不仅为完美世界带来商业上的成功，更成为完美世界履行文化企业社会责任的重要方式。

作为一家价值观驱动型组织，任仕达集团的员工核心价值主张是帮助雇员实现个人价值与潜力。在中国，我们也是这样身体力行的。在培训上，实现了线上线下同步支持员工进行六大方阵进阶式学习、全球游学计划、赋能师计划等，鼓励员工脱离舒适区，主动获得成长；鼓励女性在职场发展并给予更多呵护；协调大楼物业在一个楼层专设了女性洗手间，还在办公室开辟了一个私密的爱心小屋，供孕产期女性员工休息使用；启动"R-Lab职场任意门"化身职业导师，为莘莘学子提供极具针对性的就业辅导……从而赋予工作更深层的意义。

细读一个个精彩的案例，收获与感悟还有很多，创新开拓的精神，包容开放的胸怀，多元的文化，放眼未来的前瞻眼光，细致入微的呵护……我们从中感受到市场成长的声音，就像看到在适宜的温度环境下，树枝抽出新芽，欣欣然一片生机，处处洋溢着蓬勃向上的力量。

任仕达集团作为人力资源行业的领导者，在雇主品牌洞察与研究领域孜孜不倦，通过每年调研雇主品牌、举办论坛、展现更多的优秀案例，希望帮助企业及候选人赢得职场，赢得未来。在中国，我们率先提出"25℃新雇主"这一新概念。众所周知，25℃对于人体而言是最舒适的温度，雇员在最舒适的状态下最容易产生创造力和激情。这一概念强调了以"人才体验"为核心，以更加自由开放的方式赋能员工，激发员工的自驱力和创新力的雇主品牌塑造理念，希望更多的企业在未来发展之旅中，"以人为先，任行未来"。

最后，要特别鸣谢对于该书提供支持的受访企业及分享嘉宾，正是他们的专业分享，让我们看到了更缤纷多彩的雇主品牌，看到了未来企业的样子。

# 目 录

| 中国企业 |

*Johnson & Johnson*

# 强生

## 雇主品牌
## 寄语

强生是全球领先的医疗健康企业。在信条精神指引下，这家130多年的创新者，继续秉承多元包容文化。2019年，强生发布全新雇主品牌，其核心理念为"健康未来，因你而来"，旨在通过"引领创新前沿""激发无限潜能""共创健康未来"三方面要素，进一步吸引、招募和发展优秀人才，共同为人类健康事业的发展做出贡献。

# 强生
## 健康未来，因你而来

**强**生作为全球领先的医疗健康企业， 一直在积极发挥着行业领军者的作用， 践行创新驱动发展。 而企业创新发展， 离不开人才战略与雇主品牌建设。 中国是强生海外发布全新雇主品牌的重点市场， 足以看出强生对中国市场雇主品牌塑造的重视程度。

## 引领创新前沿

在引进先进产品和医疗健康解决方案的同时，强生启动中

国创新引擎，宣布在医疗器材、制药和消费品等领域的一揽子创新计划和倡议，积极支持本土化创新，打造开放式创新生态系统，培养创新人才，并将源自中国的创新成果推向全球。

2019年，强生医疗在苏州产业园基础上设立爱惜康新工厂、强生旗下制药子公司杨森在西安打造大型创新供应链生产基地，不断加强在中国的高端制造能力，助力医疗健康产业价值链转型升级。6月，强生全球最大、亚太首个创新孵化器JLABS落户上海张江，支持生命科学初创企业加速创新研发，更快更好响应中国病患和消费者需求。近24个月，强生在华制药子公司西安杨森有23个新产品和适应症在华上市或获批，覆盖了精神病学、血液病学、实体瘤、免疫学、传染病、糖尿病以及肺动脉高压等疾病领域。

正因如此，"引领创新前沿"成为强生全新雇主品牌的第一要素，专注创新的多元化业务亦成为强生吸引人才的重要基础。强生积极为广大优秀人才提供发展机遇，服务人类健康福祉的同时，实现人才自身的职业理想和抱负。可以说，创新是强生业务和公司持续发展的活力源泉和不竭动力。

未来已来，人工智能、互联网和数字化发展给包括医疗健康领域在内的众多行业带来深刻变革。在人才创新管理方面，强生积极推行数字化创新。在人才招聘中，强生率先尝试数字化运用与创新，利用人工智能技术 Textio 等提高人才招聘效率，丰富多元包容的团队。

对于在职员工，强生建立了一个信息库，在一个全球公司平台中，建立数据分析平台 Workforce DNA，了解员工诉求和不同发展目标等，更好地满足人才培养和发展需求。这些数据不仅仅是单纯地描述员工行为，更重要的是可以呈现预测结果，帮助人力资源部门更好地立足于员工团队的现状，响应各部门不同的需求，提出创新解决方案，有针对性地帮助团队和个人实现未来发展。

强生中国通过内部的人才在线平台（Talent Market Place），提供了一个包含众多跨部门、跨业务板块的项目，这些项目开放给所有员工，项目经理通过人才档案筛选和面试等方式，把符合项目要求的员工招募进来，组成一个工作团队。对于项目参与者而言，这有助于扩充视野，更好地了解自身兴趣和潜力，拓展未来发展路径。

随着中国日益成为全球创新引擎和增长动力，强生日益关注千禧一代的成长，目前强生中国团队中，有超过 80% 属于千禧一代或者 95 后群体；在亚太地区，60% 的强生员工属于千禧一代以及更为年轻的群体。针对公司的新生代员工，强生支持其在职场早期建立更丰富的工作经验，鼓励他们尝试跨部门的工作体验。比如，根据员工的个人兴趣及其工作领域，通过加入其他跨业务板块或者跨部门参与一些项目，支持他们发展在本职工作中所不能触及的领域或者知识。

## 激发无限潜能

成就创新伟业离不开人才培养和团队建设。强生的人才战略基于企业信条。信条提出,首先要关注我们的客户:对病人、医生、护士、父母亲以及所有使用我们的产品和接受我们服务的人负责;关注我们的员工,尊重他们的尊严和价值;关注我们的社会和世界,积极支持社会发展,促进人类健康;最后,如果我们依照这些原则进行经营,股东们就会获得合理的回报。

强生中国在人才管理与发展上,秉持信条精神和全球人才管理实践,对员工负责,给予员工更大的职业发展空间与平台。强生在中国的医疗器材、制药和消费品业务板块,广纳人才,在人才发展上,强生提供跨业务、跨部门、跨地域等轮岗和发展机会,打造定制化培训内容,帮助员工不断提升业务洞察和领导力,覆盖强生在中国 10 多家子公司约 11 000 名员工。

过去一年,强生中国有 3 000 多名员工参加了公司组织的领导力培训项目。强生中国给员工提供多种职业发展机会。这得益于强生中国打造的完整培训框架和体系,公司为一线员工和中高层管理者在内的全体员工制定了一系列的培训课程,基于每年的年度调研、强生全球人才发展的核心领导力模型等展开。

强生公司通过专业测评工具、人才对话等系统化流程,塑造了高效的人才发展体系,帮助强生识别和遴选优秀人才,形成个性化、定制化的人才发展行动计划,推动员工的职业成长。每个业务线的培训部门，帮助员工夯实、发展他们的职业技能，并与注重培养员工软实力的人力资源培训体系相辅相成，支持员工全面发展，更好地在当前角色中获得更多的知识和技能，快速适应新的角色，为未来轮岗、培训和发展打好基础。随着市场趋势变化，新的组织架构和工作岗位的出现，也将为员工带来更多职业发展的可能性。

2018年强生信条诞生75周年之际，强生在企业信条中增加了"多元包容"的内容。强生中国推动多元包容的企业文化涵盖几大方面。

一是减少员工特别是带人经理的无意识偏见。带人经理要用更开放、更包容的心态去发展团队，帮助团队和员工的发展方式变得多元化。比如通过"反转导师"等创新的模式，鼓励年轻员工和管理层促进相互交流和了解。公司也鼓励带人经理和员工通过年度对话等方式，鼓励团队表达创新想法，并就个人成长和组织发展等深入交流。

二是强调创新文化，鼓励员工交流。强生的医疗器材、制药和消费品业务板块均积极倡导和推动员工运用创新思维，团队打造创新文化。强生提供内部创新组织等多样化的平台，支持员工与团队发挥能动性和创意，在产品、业务模式和人才文化领域鼓励探索创新的想法，推动合适的创新项目落地。并鼓励员工通过TEDXJNJ等企业平台，进一步分享自己的观点，让更多的人去认识和了解他们。

三是构建员工资源小组。包括女性领导力和千禧一代，精

神卫生健康组织等。强生倡导性别平等，支持提升女性领导力。公司设立之初的 14 名员工中，就有 8 名女性。强生全球和中国员工队伍中，女性员工约占一半。强生被誉为最适宜女性工作的公司之一。强生中国积极支持提高女性领导者比例，支持更多女性在职业发展中获得更多发展机会。此外，强生也重视鼓励全球女性在其职业道路上的发展，在全球范围推出包括"WiSTEM2D"等专项奖学金项目，支持科学、技术、工程、数学、制造和设计等学科领域培养更多优秀的女性人才。

## 共创健康未来

在信条指引下，强生融合关爱、科学和智慧，为人类健康事业的发展带来意义深远的改变。2019 年 6 月，强生发布《2018 健康与可持续发展报告》，全面介绍为支持"2020 人类健康目标"，强生在改善人类健康、我们的员工、负责任的商业行为和环境健康四个领域取得的积极进展，以及为践行"联合国可持续发展目标"承诺所做的努力。

作为全球公司领先的医疗健康企业，强生在服务人类健康福祉的同时，也关注员工的全方位健康，致力于打造健康的工作团队。强生建立了全球健康服务部门，帮助员工建立更好的健康理念，打造更健康的身体，更好地平衡工作和家庭生活，并提供包含心理辅导等培训。强生的精力管理培训，帮助员工了解精力管理在日常工作和生活中的重要性，以及如何管理与提升精力水平，在工作和生活中取得更优异的绩效和健康水平。

强生在上海、北京等办公楼都设了健身房，鼓励员工在办

公之余进行运动，增强体魄，改善健康，并为员工健身开支提供一定比例的资金支持。此外，强生在全球范围开展团队计步挑战赛等，鼓励员工健步走，形成更好的健康理念。

强生也致力于保障员工身心、家庭、财务等全方位的健康，推出了包括满足新生代员工财务和养老需求的"金猪计划"，打造开放协作的办公环境和健康设施，推行全球带薪育婴假，提供心理咨询辅助以及智能 APP Healthy & Me ™ 等应用，关爱员工身心健康和工作生活平衡。作为负责任的企业公民，强生积极通过实际行动回馈社会。在中国，强生设立专业教育学院，支持医务人员职业培训教育。强生并支持和组织了多种公益项目和活动，鼓励员工积极参与志愿服务。比如，身体力行支持关注儿童唇腭裂修复的微笑行动，支持中国大熊猫保护和兵马俑文物保护工作，成立 3D 打印专业志愿工作坊等，帮助我们所在的社区和世界迈向一个更加健康的未来。2019 年，强生将"全球女性科学家专项奖学金"项目带入中国，计划通过奖励和资助科学、技术、工程、数学、制造和设计等学科领域女性领导力，积极促进科研领域女性领导者的发展。

素以关爱、培养和发展人才著称的强生，近年来在创新引领、人才策略和影响力方面取得有目共睹的佳绩，获得多项雇主品牌及人力资源奖项。2019 年，强生荣膺"怡安翰威特 2019 中国最佳雇主"，并在 25 个最佳雇主获奖者中，成为获得"雇主之星"殊荣的 13 家企业之一。此外，强生连续 17 年被评为《财富》杂志全球最受赞赏公司，并名列职业社交网站领英的"全球最佳公司榜"。在中国，强生荣获了包括前程无忧"2019 中国大学生最喜爱雇主"、智联招聘"2019 年度最佳雇主——校招案例奖"、大街网"大学生最喜爱雇主奖"，以及优兴咨询（Universum）颁发的"2019 年最具吸引力雇主"医疗行业前三名、"制药领域创新奖""制药领域企业文化多元化奖"等一系列奖项。

未来，强生期待通过全新雇主品牌传播，进一步吸引和汇聚创新多元的优秀人才，携手同行，为健康中国，健康未来不断创新突破，共创深远影响，实现"健康未来，因你而来"。

## ▶ 关于强生

强生公司成立于 1886 年，是全球具综合性、业务分布范围广的医疗健康企业，业务涉及消费品、制药、医疗器材三大领域。公司总部位于美国新泽西州新布仑兹维克市，在全球 60 个国家地区拥有 260 多家运营公司，全球员工约 14 万人，2018 年全球营收达 816 亿美元。

在强生，我们坚信健康是活力人生、繁荣社区和不断进步的基础。正因如此，130 多年来，我们始终致力于推进健康事业，让人们在每个年龄段和每个人生阶段都保持健康。今天，作为一家全球业务分布广泛、综合性的跨国医疗健康企业，我们致力于用我们的广泛影响力去促进人类健康、建设更美好社会。我们努力提高医药可及性和可负担性，创造更健康的社区，让世界各地的人都能拥有健康身心，享受健康环境。我们融合关爱、科学与智慧，为人类健康事业的发展带来意义深远的改变。

1985 年，作为改革开放以来首批进入中国市场的跨国企业，强生在华成立了西安杨森制药有限公司。多年来，强生一直致力于提供高质量的创新产品来满足不断增长的医疗健康需求，为中国病患和消费者带来健康，建设健康中国。如今，强生在中国的业务涉及消费品、制药、医疗器材三大领域。目前，强生在华有 10 多家法律实体，分布在北京、上海、广州、苏州、西安等 90 多个城市，员工数约 1 万人。

**恒天然**

雇主品牌
# 寄语

未来恒天然在中国的发展方向有三
个关键词：立足长远、一体化与规
模化。恒天然将立足长远，扎根中
国，坚持一体化的生态共赢策略，
在规模化发展的过程中，与更多的
有志之士秉承本真良善，共赢敏捷，
一起书写恒天然企业发展的新篇章。

# 恒天然
## 打造敏捷组织

**专访恒天然大中华区人力资源副总裁冯艳**

在数字化和跨界营销领域,全球领先的乳品企业恒天然总能与时俱进,开拓创新。2018 年 7 月,其旗下消费品牌安佳在中国各大电商平台及商超同步推出以"新西兰走丢了"为主题的限量版特别包装,消费者利用 AR(Augmented Reality,简称 AR,即增强现实)技术扫描限量版包装内的产品瓶身,可全景体验新西兰景色,深入感受新西兰纯净天然的自然风貌。

"新西兰走丢了"这一创意概念来源于新西兰总理杰辛达·阿德恩曾在国外社交网站上发起的一项活动,旨在呼吁广大民众关注新西兰地图在许多世界地图上消失的情况。作为新西兰最知名的企业之一，恒天然以本真纯粹的品牌形象，通过消费互动新科技营销的方式积极响应。

在采访中，恒天然大中华区人力资源副总裁冯艳女士说："从个人角度而言，正是恒天然雇主品牌本真良善的特质，吸引我加入公司的。恒天然是一个有一万多名新西兰奶农股东组成的合作社，企业本身的基因里就包含了本真和淳朴。"

## 扎根中国：定位为本土企业

冯艳女士介绍，恒天然进入大中华区已有 40 余年，中国是其最大、最重要的战略市场，对中国市场的投资为恒天然全球市场之最。恒天然致力于将新西兰优质的乳品及先进的养殖技术和乳制品生产技术带入中国，并凭借其在乳品品质、食品安全和质量方面积累的经验，助力中国乳业的不断发展。在 2019 年的中国国际进口博览会上，恒天然与阿里集团、厦门建发、尊宝披萨、新希望、高培等本土企业签下了多项订单，金额达到 182.2 亿元人民币，较上年增长了 52%。2019 双十一购物狂欢节期间，恒天然销量再次超 1 亿元人民币，在主要销售渠道的总体销售额比上年同期增长 17%！更令人瞩目的成绩是，安佳荣获京东双十一进口牛奶三连冠！这标志着安佳三年蝉联京东自营及京东 POP 店进口牛奶销售冠军，也是安佳首次成为京东进口食品双十一销冠品牌，安满品牌在各大电商平台蝉联孕产奶粉第一名。此外，恒天然消费品牌部旗下安满品牌同比去年增长43%；安怡品牌同比去年增长41%；新兴O2O渠道业务同比去年增长149%！

中国是乳制品消费增长的新兴市场之一，恒天然之所以在与中国本土企业的竞争中脱颖而出，与其全球化的经验积累密切相关。作为全球领先的乳品出口企业和牛奶加工企业，恒天然的宗旨是成为世界上最可信赖的乳品营养之源。优质的奶源是其一大核心竞争力。新西兰得天独厚的自然资源，如纯净的土壤和洁净的水质，为出产优质乳品提供了基础。恒天然的奶牛大部分时间都是室外牧场散养，食物都来自牧场里天然种植的牧草。

匠心铸就品质。恒天然对"从牧场到餐桌"的供应链全程严格管控，在健康和安全标准、产品品质和食品安全质量体系方面拥有世界一流水准。恒天然在新西兰所有的牧场和550辆收奶车上都会抽取奶样进行检测，确保只有最高标准的牛奶进入下一步加工环节。恒天然所有工厂都获得了国际化的领先质量及安全体系认证，货船集装箱在装奶前全部清洁消毒，并在货运途中全程密封，确保产品安全。每年，恒天然要在全球范围内进行 1 400 多万次测试，并不断完善世界级的系统。恒天然中国牧场获得了全球食品安全倡议组织（GFSI）认可的安全质量食品（SQF）三级"优"的标准认证，是中国奶牛养殖行业中首家获得此项权威认证的牧场。

在品质管控上，恒天然不断地进行技术革新，可追溯系统是恒天然质量体系的一个重点。目前，安满产品和全线 NZMP 原料产品已率先实现了可追溯。预计到 2020 年，所有恒天然的产品都将实现电子全程可追溯。

中国正迎来新一轮消费升级的浪潮，在此背景下，恒天然抓住机遇，守正用奇，在产品品质和消费定位上全面升级。冯艳女士介绍："作为一家跨国企业，在中国市场的本土化战略管理中，恒天然在中国将自身定位为本土企业，把自己作为中国企业公民，把根真正地扎入中国，只有这样才可能在中国获得可持续的发展。恒天然大中华区在人员构成、业务发展等方面不断创新，大中华区管理团队中有七成多是具备丰富行业经验的中国人，很多重要岗位都由具有国际化经验的中国人担任，这让其既能与总部保持顺畅沟通，也有利于开发符合国内客户需求的产品。"

"学习和创新是关键。如果一直抱着'我们在国外就是这么做的，那么我们在中国也一定能做成'这种想法，那么企业在发展过程中肯定会碰壁。但是如果我们抱着愿意学习和开放的态度去做的话，就会有发展的机会。"在中国本土雇主品牌的塑造上，冯艳女士补充说，"我们非常看重主人翁精神及敏捷性，外部导向，团队合作，以及员工关怀的企业文化。这些文化特点展示出我们组织的中国特色。"

## 守正用奇：打造敏捷组织

恒天然希望在中国建立一体化的乳品业务，目前已经完成了从牧场到餐桌的全产业链布局，实现了整个产业链"端到端"的覆盖。在组织架构上，恒天然在华有五大业务部门——牧场业务、乳品原料、餐饮服务、消费品牌和战略客户事业部，人才配置是十分多样化的。

恒天然青睐创新、敏捷的多元化人才。在人才选拔机制上，恒天然不拘一格，选择的人才不仅有具备跨国公司丰富经验、懂得方法论的经理人，也有具有民企工作经验的或创业类人才。尽管这些人才的背景与专业技能是多样化的，但其具有的核心价值观和胜任能力有相当的一致性，他们对瞬息万变的市场具有极其敏锐的直觉，有强烈的危机感，以及对效率效果有着高度一致的追求。他们能够跨越职能，通力合作，共同实现短期目标和长期愿景。

针对员工的职业发展与培训，恒天然通过多方面提升员工归属感与保留率。除了入职培训、专业技能培训，公司有在线的"恒天然，我的大学"，很多内部定制课程通过视频课件形式放在这个平台上，员工可以充分地利用碎片化时间，在方便的时候通过移动设备登录进行学习。在大中华区领导力的塑造上，恒天然会定期召开扩展领导力论坛，邀请经理及高潜力员工参与，旨在为员工创造一个与大中华区管理层近距离交流的机会，共同探讨公司战略实施，探讨业务中的问题，寻求解决方案。

面对移动互联时代经营环境的不断变化，与大企业传统的金字塔形管理模式不同，恒天然在企业内部建立了多个跨部门、跨职能的敏捷小组，设定明确的目标和时间节点，让员工发挥专长，充分合作。

"敏捷小组使组织更有生命力，员工更有激情和主观能动性，不但促进了跨部门间的相互沟通，提高了团队凝聚力，还推动了业务的创新和突破。"冯艳女士解释并举例说，"2017年12月，为了让消费者能更便捷安全地享用到高品质的鲜奶，恒天然与阿里巴巴旗下的新零售代表盒马鲜生联合推出了一款日日鲜鲜奶。这款奶采用中国牧场产出的鲜奶，从上架到下架仅有一天时间，可谓行业的颠覆之举。而如此创新的项目，通过敏捷组织和跨部门合作，从构思到完成产品上市，只花了短短3个月，创下了一个新的里程碑。员工在企业中持续发展，获得成就感和归属感。"

这种"小团队＋大后台"的组织模式对于规模化的企业而言，真正地实现了大象也能跳舞。前端小团队自主敏捷运行，集团大后台为其注入源源不断的能量，给予强有力的支持，让他们没有后顾之忧，敢于颠覆，勇于创新。

正如冯艳女士所言，面对外界的变化，产业的升级，恒天然也在积极顺应变化，打破边界。敏捷小组就是其中一种很好的模式。敏捷小组的核心是自主，围绕客户、产品、市场或任务建立团队，成员由不同领域的精英组成，具备所需的关键技能，公司会赋予敏捷小组高度授权，授权小组根据企业总体战略或业务计划自主设定团队目标并做决策，有其自己清晰的使命和目标，每个团队成员都清楚知道团队的使命是什么，应该做什么；在执行的过程中，敏捷反应，根据目标做出决策。

通过敏捷小组，团队中每个人都能得到个性化发展，不仅提高了其适应快速变化的内外部环境的能力，还提高了个人发展的敏捷性和弹性，得到了更大的职场空间，彻底激发出员工的企业家精神。冯艳女士形象地解释说："每个敏捷小组的组长就好像一个个 Mini GM（General Manager 简称，即总经理），为那些具有创新想法、有开拓精神、有责任与担当意识的员工提供了平台，使优秀的人才能够脱颖而出，拥有快速的职业发展通道。"

随着越来越多的 90 后、95 后进入职场，恒天然通过这种敏捷组织，为新生代员工塑造了一个有激情、有活力的组织环境，他们在扁平化的组织架构中可以根据喜好和自身特长，参与不同的重要工作，激发自己无穷的潜力。

值得一提的是，敏捷组织模式让员工主动且更快、更灵活地去应对外部环境变化，又很好地避免了企业在发展中可能会出现的人员冗余问题，让企业在组织的人员配置上张弛有道。在一些创新型战略重点的业务领域，恒天然利用敏捷型组织架构进行尝试，使敏捷小组变成了召之即来，来之能战，战之能胜，完之可散，应对业务战略需求的灵活弹性组织。如针对数字化营销升级，公司设立了内容工作室（Content Studio），满足不同事业部在数字营销渠道的创意宣传需求。

同时，公司还组建了企业文化的载体——牛丽苏俱乐部，让跨团队的协作和创新充满活力与乐趣。员工可以在工作中享受到公司最优质的牛奶，用原料制作奶盖茶、脏脏包等，让新生代在各种美食中，体验到无限创意、无限乐趣。通过这些丰富多彩、富有生活气息的活动，营造一个温馨的家的感觉，让员工喜爱这家企业。

冯艳补充说："公司尤其注重数字载体的沟通，例如恒天然大中华区总裁每周都会发一封信给全体员工，告知员工上一周公司发生了哪些事，让员工明悉公司发生的活动。这种方式不但提高了员工在活动中的参与度，还提高了员工的归属感与自豪感。这对公司的整体运营沟通都是十分重要的。"

## 坚定付出：回馈当地社会

在深耕中国市场的同时，恒天然持续开展各项公益项目和活动，践行社会责任，回馈社会大众。2009 年，恒天然与中国宋庆龄基金会合作，成立恒天然乡村母婴健康项目。该项目旨在为中国农村地区的孕产妇和儿童提供医疗帮助和建议。目前，该项目已经惠及超过 1 000 万名农村人口。2010 年设立了"恒天然奖学金"，该项目已为超过 900 名畜牧或食品专业的大学生提供了总额 500 万元人民币的奖学金，帮助本土食品行业培养优秀人才。

恒天然积极承担企业社会责任，也希望员工能保持初心，奋勇前进，致力于为中国消费者建设一个安全健康的乳品环境。在牧民培训、乡村教育、乡村母婴健康以及行业人才培养等方面，恒天然的员工都是全程参与的，由牧场的经理亲自给牧民授课讲解养牛知识，员工到牧场所在周边村子的小学给学生们上英语课。公司捐助电脑给学校，并由公司的 IT 人员为学校定期上计算机应用课。公司在多所高校的食品工业专业和动物科学、动

物医学专业设立奖学金。同时，恒天然也会安排这些学校毕业的员工回到学校和学弟学妹们分享在公司工作的感受与心得。

谈起公司未来的发展，冯艳特别提到，恒天然是一家富有社会情怀，在社会公益活动上非常长情的公司。让她印象最深刻的事情就是 2017 年起恒天然在中国牧场全面开展的生态共赢项目。该项目旨在通过在中国建设的恒天然牧场群，与当地政府、企业及农户建立长期有效的合作机制，实践循环经济的种养结合模式，发展具有高附加值产品的深度资源化产业，推动中国乳业可持续发展。

生态共赢是恒天然的长期愿景之一。生态共赢项目将完成从饲料采购、奶牛养殖及生产、粪污综合处理和饲料生产的闭环，提高资源化利用率，从而形成循环农业生态链，实现当地农户、企业、农业社区、政府和农业生态的多方共赢，实现经济、生态和社会效益的有机统一。恒天然牧场利用创新技术，变废为宝，将粪污处理后用于数万亩盐碱地的改良，改善当地的生态环境，加快构建当地种养结合、农牧循环可持续发展的新格局。

大格局，大未来。这就是恒天然的成功之道，以敏捷组织的弹性高效，在品质化与精细化的道路上不断升级，以本真纯粹而富有社会责任感的品牌形象赢得市场，以本真良善的雇主品牌特质赢得所需人才，为中国的乳业发展不断注入新的生机与活力。相信凭借着这种不忘初心的匠心追求，在新一轮的产品升级中，恒天然在行业的发展中也将释放更大的光芒。

## ▶ 关于恒天然

**宗旨：成为最可信赖的乳品营养之源**

恒天然集团是乳品营养的全球领导者之一。作为全球领先的乳品出口企业和牛奶加工企业之一，以及深受众多世界领先食品企业青睐的合作伙伴，其自有的乳品品牌畅销新西兰、澳大利亚，在亚洲、非洲、中东以及拉丁美洲市场上也是佼佼者。

**引入先进养殖和乳制品生产技术 助力中国乳业发展**

中国是恒天然集团最大且最重要的市场。恒天然在大中华区运营已超过 40 年，始终致力于将新西兰的先进养殖技术及乳制品生产技术带到中国，并凭借其在乳品品质、食品安全和质量方面积累的世界领先经验，助力中国乳业不断发展。

如今，恒天然在大中华区运营着涵盖乳品原料、安佳专业乳品、消费品牌和牧场在内的整合业务。恒天然旗下的产品及业务品牌包括：安佳、安满、安怡、安佳专业乳品专业伙伴和 NZMP。

在中国，恒天然 NZMP 为客户提供安全优质的行业全系列乳品原料，包含奶粉、干酪、乳蛋白及乳脂等多类产品，以满足客户不同需求。恒天然的餐饮服务品牌——"安佳专业乳品专业伙伴"，致力于为中国的餐饮服务行业及专业人士打造高品质、定制的产品（包括奶酪、奶油和黄油）以及解决方案。在消费市场，安佳的纯牛奶、佐餐乳品及奶粉可满足消费者每日乳品营养所需；安满为孕妇和哺乳期女性及婴幼儿提供特殊营养乳粉产品；针对亚洲人骨骼状况，安怡研发出成人高钙奶粉品牌。消费者可以在全国 13 000 多个门店中购买到恒天然消费品牌的产品。

恒天然在中国设有两个奶牛养殖基地，分别位于河北省玉田县和山西省应县。与雅培共同投资兴建的第三个奶牛养殖基地目前正在建设中。恒天然的两个奶牛养殖基地共有 6 万多头奶牛，每年生产超过 3.5 亿升牛奶。

**严格把控食品安全质量 世界一流的管理体系**

食品安全和质量是恒天然一切工作的基石。通过对"从牧场到餐桌"的供应链进行全程严格管控，恒天然在健康和安全标准、产品品质和食品安全质量体系方面拥有世界一流水准。

恒天然拥有完善的产品安全风险管理流程，涵盖牧场原奶、乳品运输、加工、仓储以及出口的各个环节。每年，恒天然对牧场、运输网络和世界级的生产设施进行 1 400 多万次的食品安全和质量的测试。

恒天然的中国牧场还荣获了全球食品安全倡议组织（GFSI）认可的 SQF（安全质量食品）标准认证，成为国内目前运营的牧场中首家获得此项权威认证的牧场。

**践行企业社会责任 积极回馈当地社会**

恒天然始终致力于回馈社会。2009 年，恒天然与中国宋庆龄基金会合作，成立恒天然乡村母婴项目。目前，该项目已经惠及超过 1 000 万名农村人口。

2010 年，"恒天然奖学金"设立，该项目已为超过 900 名畜牧或食品专业的大学生提供总额达 500 万元人民币的奖学金，助力本土食品行业培养优秀人才。

恒天然大中华区总部设在上海，同时在北京、广州、成都、香港和台湾设有分公司，共有 1 700 多名员工，专注于为中国消费者和客户打造最高品质的乳制品。

**Beiersdorf**

# 拜尔斯道夫

雇主品牌
# 寄语

人才是拜尔斯道夫发展的基石，在这个有灵魂有能力的组织中，我们的员工能发挥企业家精神，关爱生活，绽放光彩。

# 拜尔斯道夫
## 具有企业家精神的员工是公司最重要的资产

**专访拜尔斯道夫集团中国区人力资源总监钱佩**

在日化领域，提及拜尔斯道夫，脑中自然浮现出那款历久弥新的妮维雅小蓝罐。妮维雅作为全球最大的护肤品牌之一，与中国市场有着很深的渊源，可以追溯到1937年，当时蓝听装的妮维雅润肤霜（译名为"能维雅"）作为四季适用的

护肤品，享有盛誉，遍布上海、北京、广州、天津、汉口等各大药店和百货商店。经历战争后，20 世纪 80 年代在中国对外开放之际，妮维雅又成为第一个重回中国的国际护肤品牌。

数十年间，拜尔斯道夫不断加大对中国市场的投资，敏锐地捕捉中国护肤市场的发展趋势，通过一系列的革新蜕变，取得了有目共睹的成绩，旗下很多品牌都家喻户晓，业绩斐然。据相关数据显示，拜尔斯道夫集团在刚结束的 2019 年双十一当天，旗下妮维雅和美涛这两个品牌，在电商平台的全网总销售额达 1.1 亿元，同比 2018 年增幅达 20%。

拜尔斯道夫集团中国区人力资源总监钱佩女士介绍，当初之所以加入拜尔斯道夫，其中一个重要因素也是企业悠久的历史文化背景与产品在市场上值得信赖的品牌形象。中国一直以来都是拜尔斯道夫集团的重点战略地区，在雇主品牌的塑造上，企业一直秉承"成功基于人才和品牌"的信念，加大人才建设，不断地吸引和发掘具有企业家精神的人才。

## 全球视野，本土智慧

钱佩女士提到，在她加入公司之时，正是公司进行组织变革的时期。让她记忆最深刻的一个方面，就是全球的首席执行官对人才及其敬业度的重视。拜尔斯道夫集团作为一家具有 130 多年悠久历史积淀的企业，品牌声誉和价值不断提升，非常成功的 DNA 就是其"仁、简、勇、信"的核心价值观。

百年历史中，这种经营哲学使公司长久发展拥有了坚实的基础。在雇主品牌的构建上，拜尔斯道夫将"仁、简、勇、信"的核心价值观付诸具体的实践中。就在 2018 年，拜尔斯道夫中国将关爱的脚步踏往位于海拔 4 500 米以上的高原青海玉树，通过"送一本字典，圆一个梦想"，帮助那里的藏族孩子扫清求学上的障碍。不仅如此，拜尔斯道夫也连续 5 年将关爱撒向乡村留守儿童，努力为他们营造一个快乐而温暖的家园。这充

分体现了拜尔斯道夫在"仁"方面的中心思想：心系客户，关怀员工，造福社会。在雇主品牌的构建上，像这样的具体实践项目除了企业社会责任项目（CSR Project）外，还包括领导力项目（Leadership Program）、青年精英训练营（Young Talent Program）、家庭日（Family Day）等。

而在 2017 年底，为了让员工生动地了解更全面的商业运作，拜尔斯道夫首次举办了业务体验周（Business Experience Week），组织了多场不同的活动供上海总部和武汉的员工自由报名，如参观青浦的生产工厂，跟随销售同事日常巡店，参观电商合作伙伴的办公环境等。拜尔斯道夫中国鼓励勇于满怀激情、视变为机的企业文化，除了业务体验周这个项目外，还从实践中激发员工的创造力和热情，勇于开拓，勇于挑战，每年内部还会评选企业特别奖（Special Business Award）、最佳项目奖（Best Project Award）等。

　　另一方面，在日常企业行为中，拜尔斯道夫贯彻以"信"为本，具体实践包括人才管理（Talent Management）、新品体验（New Product Experience）、员工推荐计划（Employee Referral Program）等等。为了鼓励员工推荐更多优秀的人才加入公司，与自己信任和认可的人一同工作，公司举办了员工内部"荐"面会（Choose Your Workmate）活动，帮助员工了解内部人才推荐的福利政策、推荐流程等。据不完全统计，2018年拜尔斯道夫中国区新入职的员工中，有超过 30% 的成功案例都来自员工的内部推荐。"信"字这个核心价值观在这一项目中体现得尤为突出。

　　在人力资源管理领域有着丰富经验的钱佩女士补充说，在整体雇主品牌的塑造策略上，拜尔斯道夫继承与延续全球优秀的经验，在具体的实践上因地制宜，以全球视野发挥本土智慧。在人才吸引与保留上，拜尔斯道夫中国区不仅为员工提供了全方位的培训系统、灵活的宽带薪酬和顺畅的职业发展通道等福利机制，也为员工的成长和发展提供了一个更大更宽广的平台。相对全球而言，拜尔斯道夫中国团队比较年轻，管理队伍中融入了越来越多的 80 后甚至 90 后人才。大家在不断探索如何激活不同层级不同代际的员工，如何为中国员工提供顺应飞速发展市场的职业通道。

## 变革管理，激发企业家精神

在本土雇主品牌的塑造上，拜尔斯道夫中国有一个口号："建立一个有灵魂有能力的团队。"钱佩女士特别介绍说，这句口号是由中国区团队自己创造与提炼出来的，"灵魂"是由"灵"与"魂"组成，强调公司在人才吸引与保留上，吸引更多有企业家精神的人才，他们能够被企业的愿景和使命所激励，与企业有一种心灵上的链接，融入真心，富有激情，积极性地去创新，去创造。在人才吸引中，这一价值观被写入为何选择加入拜尔斯道夫的理由中。

企业家精神并非新词，对应的英文是 Entrepreneurship，意为具有从事资源组合、组织管理并愿意主动承担经营风险的人拥有的特质。钱佩解释说，企业家精神并非少数人专属，每个人都应有像企业家一样的心态，具有想做事的激情和理想。因为这样的员工自驱力高，面对风险和挑战敢于勇往直前，做出决策，有着很高的敬业度。无论市场如何变化，企业如何变革，这类人都能顺应潮流，甚至推动与引领变革，助力企业在营销创新、渠道变革中抢占先机。

钱佩女士作为在拜尔斯道夫中国区转型期加入的高管之一，对此有着更深刻的理解。当前中国整体的经济正处于变革转型升级的关键时期，产品结构和大众消费方式随着不断涌现出的新产品、新技术而不断升级。在这样的背景下，创新是企业发展的主旋律，而员工作为创新的真正主体，是企业持续发展最宝贵的动力引擎。所以对于企业而言，应对变革与创新，激发员工的企业家精神越加重要。

拜尔斯道夫在人才的发掘上非常注重授权，尤其是在企业变革的阶段，鼓励员工更主动地接手不同的职能，勇于创造不同的价值，整合资源、提出创新解决方案。公司力求发挥每个人的特长，营造每个人都是无所不能的"企业家"的氛围与环境，充分挖掘潜能，实现扬长避短，人尽其才。钱佩女士举例说，尽管消费渠道在不断升级，但线下的体验及信赖度优势依然无法取代。在中秋博饼节、开学活动9·1等活动中，各大卖场从省经理到一线的业务员们，整个团队以主人翁的精神，从陈列、活动、维护到客情等方面，一起制定周密的作战方案，凝心聚力，相互勉励，创造出了卓越的业绩。这些都是企业家精神特质的体现，也是企业核心价值观"勇"的实践落地：跳出常规思维，充满激情地积极进取。

深谙组织变革管理的钱佩女士分享了她在此方面的丰富经验，她认为通过透明的信息沟通，让员工尽早地知道变化对他们的影响，产生认同，这样可以最大可能地避免彷徨与揣测；与之同等重要的还有稳定的管理层与管理团队，更能让员工感觉到公司发展的稳定性与可持续性，坚定对企业发展策略的信心；同时，充分发挥领导力在员工的发展与保留中的重要作用，与员工进行积极的互动，提供及时的反馈和分享。

## 顺势而为，积极应对年轻化

2018年9月9日，妮维雅在上海卓美亚喜玛拉雅酒店开启全新"LONG CARING一辈子宠你"的护肤之旅。引入进口的明星新款爆品，包括INS网红推荐的沐浴慕斯在内的一系列进口新品，通过年轻人喜欢的方式，打造年轻化的消费场景，开展社交营销，赢得了良好的市场反响。

钱佩女士提到，新的零售环境下，机遇与挑战并存，人才始终是企业战略目标实现的核心。"关爱"（Care）是拜尔斯道夫核心价值观中重要的组成元素之一，长期以来，拜尔斯道夫对员工的关爱从未间断，同时倡导 70-20-10 学习体系（70% 的学习成长来自在职工作，20% 来自学习他人，10% 来自不同培训），帮助他们成长与发展。

针对新生代的员工，拜尔斯道夫积极发挥他们的特长，提高他们对组织的认同感与归属感，给他们提供充分展示才能的平台。诞生于 2018 年 6 月的拜尔斯道夫雪梨糖（中文名雪梨堂，昵称雪梨糖，英文名 Sharing Town），以生动活泼的方式，承载不同的话题，为中国区的员工提供了一个充满激情与创意火花的连接组织内外的交流平台。通过分享，让拥有一技之长的员工充分展示才华，加速了业务与人才的发展。拜尔斯道夫雪梨糖主题鲜活有趣，为企业的雇主品牌建设融入了一股清流。如雪梨糖的第一期话题"拜尔斯道夫合作社"，通过对这一新型的内部合作机制介绍，鼓励内部自发组织合作社来解决问题；而"网红新势力，BDF 造星令"，则让员工了解了当前网红经济的运作模式，从而吸引了一大波年轻敢 show 的员工大显身手，成功造势了 BDF 史上时薪最高工作的活动。让员工率先体验公司产品的同时，又树立了员工对企业优质产品的自信心与荣誉感。

而在企业培训发展方面，方法也在日新月异地持续升级。2018 年，拜尔斯道夫学习平台 2.0（E-learning 平台）全新改版，博学多才、呆萌可爱的"Dr.Be"作为平台代言人跃然纸上，在卡通外表下实则被赋予丰富的精神内涵，寓意勇敢做自己，成就更好自己（Be Yourself & Beyond the Border）。除此之外，平台内容更加丰富实用，涵盖新员工入职培训、通用技能、管理技能及常用的演讲与沟通谈判技巧等培训内容，帮助员工快速融入企业，提高相关"软"技能，为打造高绩效的工作奠定基础。

## 可持续的关爱，成就可持续的发展

拜尔斯道夫集团在多个领域全面开花结果，靠的不仅仅是高标准的匠人精神，更是对可持续发展的推进与坚持。在拜尔斯道夫的公司战略中，"我们关爱"被写入公司经营策略的"蓝图议程"。在 2011 年，拜尔斯道夫开发了一个战略结构，制定了一个标准，通过"产品、地球、人"三个维度，向世界传递出更有意义的长远影响。

在产品方面，拜尔斯道夫奉行"避免，减少，再用和回收"的政策，从原材料采购、新配方开发到环保包装方案的制定，持续改进产品对环境的影响。在公司制定的 2020 年可持续发展目标中，产品新包装不仅能循环再用，还会减少包装材料和标签材料的使用，缩减运输货盘，从而降低整体二氧化碳排放量。供应链、销售和包装等部门通力合作，不断革新环保包装。其亚太包装开发总部已经采取了一系列包括包装减重、材料限制、环保资质要求以及便利化回收等措施以达到公司在这方面的目标。2017 年，23% 的销售产品在对环境的影响方面已得到了良好的改善，2020 年这一份额更将达到 50%。

在关爱地球方面，2017 年拜尔斯道夫加入世界自然基金会（WWF），并成功实现将每个产品制造的二氧化碳排放量降低 27%。2025 年，该目标将达到 70%。2020 年，拜尔斯道夫的生产能源将转换为 100% 的可再生电力能源。2018 年，大部分的办公室与制造工厂已实现这一目标。

而提到人这一话题，拜尔斯道夫除了通过构建以安全和健康为主题相关的项目关注员工自身的健康安全，营造"零事故"的日常生产外，还致力于通过一些社会责任项目将关爱延伸到公司外。家庭是由人组成的社会最小单位，关爱家庭作为品牌核心，拜尔斯道夫从儿童的能力提升、赋能妈妈与提高家庭生活质量三个维度，践行企业社会责任。自 2013 年至今，通过各种赞助和企业慈善活动，已经成功资助了 84

万个家庭。预计在 2020 年，拜尔斯道夫将致力于改善 100 万个家庭的生活。

在践行社会责任方面，钱佩女士饱含深情地介绍，拜尔斯道夫是一个有温度的大家庭，并乐于为需要帮助的人带去更多的温暖。所以，拜尔斯道夫也一直致力于鼓励中国区员工积极参与到相关的活动中去。2018 年，在与国际性学生组织 Enactus 的合作中，来自中国区 10 个不同职能部门的 26 位员工提交了申请，以企业志愿者的身份成为大学生职业发展的"职场领路人"，以帮助他们规划职业发展，掌握基础职场技能，快速融入社会，完成自学生到职场人的转型。

让钱佩女士感到颇有成就的是，在她加入公司之后，企业的员工敬业度得到了很好的改善，在年度盖洛普 Q12 测评（The Gallup Q12）中，从之前的 P25 以下提升至 P75 以上，这无疑是对拜尔斯道夫雇主品牌的一种赞誉。这就是拜尔斯道夫中国区成功的雇主品牌塑造之旅，通过丰富有趣而充满内涵的文化活动，让员工发挥优势，直面挑战，拥抱变化，热爱公司，成为一名拥有企业家精神的拜尔斯道夫人。

▶ **关于拜尔斯道夫**

作为世界 10 大化妆品公司之一的拜尔斯道夫集团于 1882 年在

德国创立。130 多年来，拜尔斯道夫集团始终以高质量的标准打造值得信赖和依靠的品牌并成为全球美容护肤行业的领先者。中国一直以来都是拜尔斯道夫集团的重点战略地区，由两大业务构成，即以妮维雅、优色林、确美同为主导的护肤业务，以及以美涛等为支撑的洗护业务。

早在 1937 年，妮维雅便以"能维雅"的名字出现在中国市场，风靡上海滩。秉承拜尔斯道夫集团一贯科学严谨的企业精神，妮维雅数十年间一直都是广大消费者乐于亲近、相伴左右的护肤品牌。同时，美涛这个定型品牌自 20 世纪 90 年代初以来，也已成为中国著名护发品牌，拥有极高的信赖度及品牌忠诚度，市场份额连续多年保持行业领先地位。

秉承"仁，简，勇，信"的核心价值观，拜尔斯道夫一直在人才吸引、建设和保留上做出不懈努力。提供全方位的培训系统、灵活的宽带薪酬制度以及公开透明的职业发展通道，为员工的成长和发展提供更有竞争力的广阔平台。持续不断的改革创新也陆续获得了社会各界的赞誉和认可。

2015 年拜尔斯道夫荣获"中国最佳组织发展典范"；2016 年拜尔斯道夫荣获"企业社会责任典范"；2017 年拜尔斯道夫荣获"员工发展计划典范"；2018 年拜尔斯道夫荣获"最佳员工体验"和"最佳招聘项目"两项殊荣; 2019 年拜尔斯道夫荣获"最佳社会责任""最佳候选人体验"等多个奖项。

在过去，通过紧密贴合市场需求，不间断的创新研发，让我们赢得了消费者源源不断的信任。作为一个全球性企业，我们致力于无论何时何地，每一天都让人们获得肌肤与秀发的完美体验，倍感舒适与自信。今后，拜尔斯道将秉承这样的理念，逐步发展成为世界上最具影响力的个人护理用品公司。

**昕诺飞**

雇主品牌
# 寄语

每个人心中都有自己的信仰，就像
一座灯塔，是我们对于所惜之物所
爱之人的守护。我希望昕诺飞像一
座灯塔，守护着每一位昕诺飞人，
点亮他们的创新精神与智慧，照亮
他们的职业梦想。

# 昕诺飞
## 发挥非凡潜力，光耀未来

**专访昕诺飞副总裁、大中华区人力资源部总经理吴一静**

**2018** 年对于昕诺飞（原飞利浦照明）具有非凡的意义。最引人注目的事情，就是其开启转型之旅，宣布把公司名称改成"Signify"，同时在联合国教科文组织确定的首个"国际光日"（International Day of Light），发布了中文名"昕诺飞"。

这个看似简单的命名，背后凝聚了昕诺飞人的智慧与努力。作为全程的参与者，昕诺飞副总裁、大中华区人力资源部总经理吴一静感触颇深。

## 一场酝酿已久的新旅程

飞利浦照明作为家喻户晓的百年品牌，以良好的市场口碑与强大的品牌影响力吸引了吴一静女士加盟发展，从加入公司初始，她就参与到这一场酝酿已久的颇具前瞻性的业务转型之旅。

从 2015 年下半年开始，昕诺飞总部未雨绸缪，开始筹划重新定位公司新的价值观与文化，对人才进行重新梳理与规划。2016 年公司在全球范围内举行了 100 多场研讨会，召集员工进行小组座谈，回顾过去的发展历程，畅谈未来业务发展的动力点，通过无数次的头脑风暴，创建了新的企业目标和价值观。

这个过程持续了一年时间。而让吴一静印象深刻的是，对于中文版的确定，公司以开放的文化，接纳了她这个初来者的建议，不直接从总部直译过来，而是考虑本土的要求，放宽中文版的发布时间，发动全体员工参与中文版的定义与诠释。

令吴一静感到惊喜的是，这种自下而上的讨论引发了众多员工的兴趣与广泛参与。企业目标和价值观的中文版征集活动一推出，她就被同事们的热情感染了，陆陆续续收到了全国各地超过 200 名员工的反馈，有严肃版的、漫画版的、打油诗版的，打油诗版的还分了七言版、五言版，内容通俗易懂并深入人心。

百里挑一，最终确定了独立上市后的企业目标：开启照明的非凡潜力，创造"闪亮生活，美好世界"；四个价值观：客户至上、协作超越、锐意创新、激情制胜。

然而，这并没有结束。在吴一静看来，在越来越多企业将人力资源部门定位为业务部门战略伙伴的角色背景下，在业务战略转型箭在弦上的时候，人力资源战略需要先行一步，更具全局性、战略性与前瞻性。

在中国，为了让全体员工积极拥抱变化，吴一静带领人力资源部门制定传播方案，从 2016 年 11 月起，通过员工大会、小组分享会、宣传册、季度企业文化大使等多途径全方位的传播，向员工分享体现公司文化价值观的真实故事，生动地诠释企业的目标和价值观。

有了这种循序渐进的铺垫，2018 年公司名字的更改便顺理成章。

2018 年 5 月 16 日，飞利浦照明对外宣布了公司新中文名"昕诺飞"。从 1891 年弗雷德里克·飞利浦和杰拉德·飞利浦在荷兰埃因霍温创立飞利浦照明，到 2018 年已有 127 年，此次重大调整被昕诺飞定义为迈向下一个历程的新起点。

关于新公司名，吴一静这样解释道："昕诺飞清晰地表达了公司的愿景和目标，是对照明的全新定义，光已成为一种智能语言，连接和传递信息。'昕诺飞'，每一个中文字都经过细细斟酌重重筛选而来。'昕'的中文含义是初升的旭日，也有创新之意；'诺'，贴近公司的文化价值观，有承诺之意，是对产品质量，对客户、合作伙伴、员工，对中国市场的一个承诺；'飞'，跟之前飞利浦照明的'飞'结合，有传承之意，传承飞利浦照明在广大消费者心目当中一如既往的良好品牌形象。"

改名只是昕诺飞这样的巨头企业定位升级的第一阶段，目

前在全球销售的产品，还会保留飞利浦这个品牌，Signify 和
"昕诺飞"只是对公司名字的更改，所以对于最终消费者而言，
影响没有那么直接。预计未来，公司或将根据市场变化做出更
多具有强大推动力的布局。

## 赋能雇主品牌，守护所爱之人

一系列的定位升级与战略布局，来自昕诺飞对智慧照明发
展的信心。昕诺飞定位为一家物联网时代的照明企业，重心正
在从传统的照明产品制造商，转向物联网时代的智能互联照明
产品和系统服务提供商，引领物联网时代照明创新。

这并非只是一句口号。公司在上海建立全球研发中心，布
局 LED 和智能互联照明等新科技，为打造更为完整的照明生态
链推出一系列创新和商业变革措施。尤其是在物联网照明领域，
昕诺飞正在积极谋求"跨界融合"，在 B 端、C 端的物联网照

明领域均有布局。通过将智能互联道路照明系统引入中国，接入包括城市应急系统、交通信号管理系统、安防监控系统、天气检测系统等在内的各种智慧城市应用，向 B 端输出智慧城市服务；通过与百度对话式人工智能平台 DuerOS、京东语音智能硬件产品"叮咚音箱"等签署合作协议、为小米智能家庭生态系统设计和开发智能互联 LED 照明产品等，向 C 端输出智能互联服务。

在公司新中文名发布的前一个月，吴一静在微信朋友圈发布了昕诺飞位于上海市漕河泾开发区的大中华区总部新楼的创新办公空间图片，并附上了一句话："踏着第一缕阳光，别样的风景，不一样的心情。"

这座大楼展示了智能互联照明技术在各类空间中的运用，体现了绿色的健康建筑理念，不仅使员工享受到了以人为本的舒适照明体验，提高了工作效率，更为大楼管理者提供了绿色智能的照明解决方案，优化了空间使用，降低了运营成本。

面对昕诺飞转型的新阶段，吴一静女士在新的雇主品牌塑造上有着自己独到的见解与策略。在传承的基础上，借助全球总部的体系和框架，沿用全球统一的标准和理念，将总部先进的实践应用于中国市场，但又因地制宜，根据本土的实际情况，拥抱变化，实现雇主品牌的本土化，保持组织精简与市场灵活性，建立与公司战略相匹配的人力资源战略。

**升级人力资源策略，更加专注于核心职能：**作为业务发展的战略伙伴，昕诺飞很早就进行了人力资源转型与升级。从最初的薪资等功能模块的管理流程标准化，到分工协作，设立人力资源共享中心，剥离出基础的人力资源职能，包括员工录用、档案管理、系统的维护和输入、薪资福利发放等，设立企业专家中心负责整体薪酬回报、人才管理、培训等不同功能模块，让人力资源业务伙伴（HRBP）从基础繁琐的事务中脱身出来，更加集中于核心职能，紧密联系业务部门，支持业务战略发展。

如今昕诺飞人力资源的"三驾马车"——人力资源共享服务中心（HR SSC）、企业专家中心（COE）、人力资源业务伙伴（BHR），随业务动态发展，也在持续升级变革。

吴一静女士介绍，"三驾马车"的角色和定位正在回归最初的价值定位，发挥其应有的协同合作功能。人力资源共享中心是第一时间寻找或响应的角色，即当业务部门和员工询问有关人力资源方面的基础问题时，第一时间通过 400 电话去找人力资源共享服务中心。所以共享服务中心的人员配置是多面手，精通人力资源各模块的内容，学会处理和面对不同种类的问题。企业专家中心更专注于市场发展趋势，掌握最新的管理技术或模式，博取天下之所长，因地制宜地运用到组织内部。人力资源业务伙伴参与到战略性层面，更敏锐高效地捕捉并支持业务需求。在组织架构上，针对产品、系统、服务三个层面的业务，对现有组织架构进行变革，升级现有的能力素质模型，结合未来几年业务增长模式变化，前瞻性地进行人才规划，培养、保留和识别高潜能人才。

通过这种变革，人力资源的职能得到优化整合，"三驾马车"的定位更加清晰。然而，要帮助企业在变革升级中平稳过渡，人力资源还要从全局观上，进行多方面的思考与布局。面对这个问题，吴一静女士十分注重执行力与跨部门的沟通。

**升级素质模型，甄选高潜力人才：**变革升级，意味着创新，意味着组织需要更多的新技能，更多的创新精神与能力。在这个科技信息技术迭代速度空前的时代，该领域的人才竞争异常激烈。

在创新人才的吸引，以及高潜力人才的培养与发展上，人力资源战略规划是很重要的板块。对此，吴一静女士特别提到公司"适应未来能力"（Fit for Future Competence）的人才理念。无论是生产也好，还是日常的运营管理，公司一直秉持"精益求精"的理念，对组织架构规划、员工数量及素质配置有着严格要求。在变革启动之前，公司已经在通过不断升级素质模型，界定转型所需的关键岗位。

这个任务对于一个庞大的全球化运营企业而言，无疑是艰巨的。十分复杂的组织结构，需要按照具体职能将与市场有关的分散在业务、产品、销售等不同部门的人员放在一起进行盘点。在此过程中，工作内容是十分繁琐而复杂的，需要根据素质模型、现有人员的实际测评描述进行匹配，盘点核查。

为了不放过任何一位高潜力人才，往往要经历好几轮，最终确定无误后，再根据结果进行资源的优化分配，确定可进行领导力培养的人才，确定本地延展性辅导项目的人员。

吴一静女士举例说，过去，公司采用的销售渠道主要是分销模式，而现在更专注于系统及服务，终端用户销售的岗位变得非常关键，但该岗位与之前的分销模式岗位胜任力有很大不同，所以要根据新的能力素质模型，甄选出能胜任这些岗位的人才，对于一些有差距但有潜力的人才进行重点培养，弥补空缺，当最终还是难以填补业务开拓所需的职位空缺时，就会通过外部招聘的方式。

**优化培训组合，激发内在动力：**面对企业的变革，员工以积极的心态，转变观念，主动拥抱变化，适应未来，未来的职业发展机会也会很多。吴一静女士如是说。

在培训规划设置上，昕诺飞十分注重实践经验的培养，遵循"70-20-10"的人才培训理念，其中，70是指在职培训（On Job Learning），通过轮岗等方式，鼓励员工思考自己的职业发展，在实践当中学到技能与知识。在昕诺飞有很多成功的案例，如做市场的转做销售了，做项目的转做研发（R&D）了，做采购的转做物流，跨职能发展比比皆是。除此之外，公司还实行了拓展项目（Stretch Assignment），表现优秀的员工可以选择感兴趣的业务项目，参与创新项目小组，突破自我，提高职业的可延展性。在整个过程中，经理的反馈发挥着很大的作用，扮演更多的是下属职业导师的角色，给予及时沟通与反馈，支持员工的发展；20 是指同行对同行的学习方式（Peer-to-Peer Learning），主要通过与内外界专家或大咖沟通分享，吸收知识；10 是指线上线下（E-Learning）相结合的形式，如演讲技巧，线上无法完成，就需要线下完成。

同时，公司有一个非常强大和持续的优秀人才盘点计划。从首席执行官开始，各个管理层级的人员都参与制定继任者计划。在同一个岗位上，配备三个不同的继任者梯队：第一种，准备充分，随时上任（Ready Now）；第二种，在现有的岗位做完才能接任新的岗位（Ready after Current）；第三种，有潜能但是还需要经过岗位历练（Ready after Next），才能做继任。这样的梯队不仅激发了员工的内在动力，还有利于组织的可持续发展。

**契合文化价值观，吸纳志同道合的人才：** 从传统领域到智能化转变的过程中，人才的诉求也是不同的。在业务模式上重新做人才盘点后，需要什么样的人才，人才在什么地方，如何满足，一般采取内部培养与外部招聘相结合的方式。

转型升级后，昕诺飞面临着以前没有的新人才招聘，如大数据、人工智能，需要去外部的市场招聘人才，大客户管理需要按照行业细分，做大项目，原来内部储备比较少，需要从外面吸引配置。

吴一静女士补充说，昕诺飞在人才的吸引上，更注重志同道合、认同公司文化与价值观的人才，如正直诚信是必须的也是十分严格的。无论是在进行绩效评估还是在员工招聘，或者组织内部进行人才盘点时，文化价值观的契合都是相当重要的考核指标，是组织吸引和保留人才的重要出发点。

一系列创新产品的推出，如将可见光无线通信带入全新领域 LiFi，为智能家居带来全新精彩体验的飞利浦秀，面向户外照明的智能互联道路照明系统等，在这个创新型的文化中，自然吸引的是创新型的人才。

在人才的招聘上，昕诺飞以开放与包容的姿态，不拘一格吸纳跨国界跨行业的人才。吴一静女士提到，昕诺飞管理层的年轻化与多元性，也正是吸引她加入昕诺飞的主要原因之一，在这里除了中国国籍的人员之外，还有来自全世界很多国家和地区的人才，来自不同行业的人才，文化的差异非常大，但秉承相同的价值观求同存异，创造照明的更多可能性。

**未雨绸缪，不放弃每一位员工：**当变革真正到来的时候，不变就意味着被淘汰。在企业的变革升级过程中，难免会遇到不能跟上组织发展步伐的员工，但吴一静女士表示，员工是公司最宝贵的财富，他们的安全与幸福对公司而言，非常重要。

对于昕诺飞而言，吴一静女士提到整个行业的转变不是一蹴而就的，转变与转身是很早就预见到的，为了减少变革对员工带来的冲击，针对此消彼长的业务产品与服务变化，做了充足的人力资源战略规划。

针对传统照明业务的缩减与 LED 业务线的扩张，公司多年前就已经开始排兵布阵，计划人员的需求，在填补新兴领域创新人才不足的同时，通过轮岗、技能转换，对不断缩减的业务线员工进行转职，填补高速增长业务带来的新职位需求。

在这个过程中，吴一静女士强调，这个趋势是显而易见的，需要以包容开放的态度，透明且诚恳地与员工进行沟通，越早越好。为此，昕诺飞每年都要进行两次人力资源规划的回顾，具体到组织、岗位、能力和数量的需求，岗位上的人才能力现状、培训计划、关键人才保留计划。对每个员工进行分析，然后给予针对性的支持，实现资源的优化整合。

**融合代际关系，多元与包容：**作为一家多元化企业，90 后新生代员工已逐渐成为昕诺飞的生力军。如何应对他们全新的发展需求，在吴一静女士看来，管理的核心理念始终都是尊重个体，发挥个体最大化价值。面对新生代员工，昕诺飞采取的是转变管理思维，学会放手，让他们发挥自主性，参与和自身发展相关的决策，找到自己的兴趣点，主动去参与、组织与领导一些活动。

在团队建设上，昕诺飞避开传统企业文化中的厚重感，将"轻文化"的轻松与活泼注入到员工关系活动中，用文化情怀的细节去融合代际关系。在吴一静女士看来，不仅90后需要关注，其他不同年龄层的员工一样需要相互沟通与融合。她举例说，为了促进公司的代际与性别之间的融合，公司以多元与包容为主题，开展了一系列生动活泼的活动，如"青春与芳华""火星撞地球"等。让她记忆深刻的是在"青春与芳华"中邀请的两位业务负责人（business leader），一位年长一些，一位是80后，为了更生动地展现代际关系，他们通过表演的方式，展现一位父亲与儿子的对话。作为管理者，他们放下身段，全心投入，表现得非常嘻哈，形象地诠释了角色的内涵，以及代际间的差异与包容。昕诺飞引导融合不同年龄阶段的员工，更好地发挥自己的价值，让更多的90后青春一代，去了解资深的80后、70后有哪些值得自己学习的，给大家一个平台，让不同年龄段的员工相互了解、碰撞，有更多的触动与更好的合作。"火星撞地球"针对性别多样性开展主题探讨，帮助男性领导者对于女性领导者建立合理的期望与评价，引导员工实现与异性领导者更好的相处。

吴一静女士说："不管是对新鲜血液还是公司元老，不管是针对青春还是芳华，不仅局限于性别、年龄、工作资历、工作方式等方面，昕诺飞的整个管理方式都在转向，员工对于企业都是无价的财富，我们也会提供一些理财、中医保健等关怀，不在于活动的主题有多大，关键在于心有多细，真诚地打造一个多元、可成长的和幸福的协同化工作环境。"

**光，耀未来：**可持续发展理念已经融入昕诺飞的血脉中。公司通过"闪亮生活，美好世界"（Brighter Lives Better World）可持续发展计划，树立了实现可持续盈利和运营的远大目标。目标被明确量化，即 2020 年实现碳中和，80% 的收入将源自可持续产品、系统和服务，在同一年实现零废弃物垃圾填埋，创造零伤害工作场所，以及打造经过精准审核和精心培训的绿色供应链。

这与"开启照明的非凡潜力"的公司目标相辅相成。在中国，昕诺飞已经提前在 2017 年底实现了碳中和运营目标。同时，公司致力于推动社区发展，开展社会公益已经有 20 多年的历史了，通过"光，耀未来"等系列活动来帮助改善人们的生活，并对环境产生积极的影响。

为庆祝联合国教科文组织首个"国际光日"，昕诺飞在全球各地启动"光，耀未来"（Light for Better Learning）主题活动，点亮包括中国、印度尼西亚、乌干达、摩洛哥等国的 90多所学校。项目将在未来一年内逐步扩大范围。其间，昕诺飞基金会（Signify Foundation）通过为全球各地的校园提供高品质的照明解决方案，开展以节能、气候变化为主题的课程，帮助欠发达尤其是用电紧缺地区的青少年改善学习环境，提供更多学习机会。

为落实"光，耀未来"项目在中国的落地，更好地向青少年讲述光的故事，来自不同城市和不同部门的近 30 名员工组成的志愿者服务队，为江西景德镇、云南香格里拉等贫困地区的 2 万多名师生带去了"光"的科学课程。2018 年暑期，昕诺飞开展了面向儿童的"昕诺飞光学探索营"。通过企业志愿者服务的形式，助力中国 STEM 教育，为孩子们普及光学知识和应用，向社会传递昕诺飞作为照明企业的责任感。昕诺飞始终倡导并支持员工将自身知识与技能传授给有需要的群体，向社会提供有企业特色、差异化的专业志愿服务。

吴一静女士特别提到企业组织的社会责任活动，年轻一代参与的热情非常高，他们非常乐于发挥自己的积极性，回馈社会，对于他们而言，参与活动给他们带来的归属感与成就感更重要。为了鼓励员工参与这样的活动，企业还专门设置了一天带薪的企业社会责任日。不仅如此，昕诺飞以其特别的感召力，吸引了商业合作伙伴自发地与其一起做公益。

这就是昕诺飞的雇主品牌升级之路，不断传承，不断创新，以开放与包容拥抱变化，拥抱未来。用吴一静女士的话说，"转型从来不是一蹴而就的。虽然挑战很大，但是坚信，通过不断尝试，变革创新，组织会更富吸引力。"

言语间，吴一静女士对昕诺飞富有吸引力的雇主品牌充满了自豪之感，这份内心的笃定与从容，从她对业务的娴熟程度和她的娓娓道来中足以证明。她相信，在新的征程上，智慧照明将光耀未来，为员工构建更好的工作体验，激发他们更多的创新激情，让这家百年老店焕发出更多生机和活力。

## ▶ 关于昕诺飞（Signify）

昕诺飞（阿姆斯特丹欧洲证券交易所代码：LIGHT）是全球照明领导企业，业务涵盖专业照明、消费照明，以及物联网照明。我们借助飞利浦品牌的照明产品、Interact 智能互联照明系统和数据服务，来传递商业价值、改善家居生活、美化建筑和公共景观。2018年，昕诺飞年销售额达 64 亿欧元，在全球 70 多个国家和地区拥有大约 2.9 万名员工。我们致力于开启照明的非凡潜力，创造"闪亮生活，美好世界"。连续 2 年被道琼斯可持续发展指数（Dow Jones Sustainability Index）评为行业领导者。查询更多信息，可登录：http:// www.signify.com/news。

**ZEISS**

蔡司

寄语

成就客户的成功，首先是要成就自己员工的成功。蔡司作为一家百年光学领域的先行者，我们在乎每一位员工的发展，与他们一起积极塑造在华业务的蓬勃发展。鼓励员工创新，不断突破，为社会进步做出贡献。

# 蔡司

## 成就你的精彩

**专访蔡司大中华区人力资源负责人黄静**

提起蔡司，很多人会想到蔡司镜头。这家拥有 170 多年历史的老牌企业，用自己的不平凡，让人类见证了 20 世纪无数伟大的时刻。

在人类首次登月中，蔡司专为登月设计的 Biogon5.6/60 广角镜头，记录了月球上人类的第一个脚印。对人生有着卓越追求的生物学家达尔文、作家海明威以及 30 多位曾获诺贝尔奖的科学家都是蔡司产品的粉丝。

不仅如此，拍摄《荒野猎人》《指环王》等经典大片所用的镜头也均来自蔡司。

　　对此，蔡司大中华区人力资源负责人黄静女士引以为傲，进一步阐述说："蔡司始终助力科学家攀登科学高峰，迄今为止，全球有超过 35 位诺贝尔奖获得者在生理学或医学、化学、物理学等领域，通过使用蔡司仪器实现科学进步，推动人类历史的前进，这是每一位蔡司人的骄傲。"

　　作为光学领域的先驱，蔡司持续挑战想象力的极限，怀揣不懈追求超凡的极大热情，为客户创造价值，并激发世界以全新的方式进行视觉体验。对于蔡司在中国的发展，黄静女士介绍，从以贸易公司的形式落户于上海外高桥保税区，到如今一跃成为跨国公司的地区总部；从地区销售网点，到建立自己的工厂，具备自主研发能力，蔡司不断开拓中国市场并提升其在全球的地位。中国对于蔡司而言不仅是出口市场，更是重要的发展中心。

她强调说："蔡司中国目前已经是蔡司全球第二大市场，如何发展并赋能本土员工对我们来说越来越重要。蔡司大中华区总裁福斯特先生表示，希望每位员工都享受在蔡司的工作经历，实现个人价值。同时也希望更多的中国候选人了解、加入蔡司，一起继续这一伟大的光学事业。"

时至今日，蔡司跨界发展，在工业质量与研究、医疗技术、光学消费品市场、半导体制造技术领域富有盛名，在雇主品牌知名度与美誉度的塑造上，蔡司以独有的魅力，创造了诸多引以为傲的创举。

## 传承匠人精神　铸就光学巨头

蔡司品牌如此辉煌，靠的是不断的创新与科研实力。作为一家高科技公司，蔡司每年在研发上的投入超过营业收入的10%，过去一年有超过 500 项专利产生。在蔡司，技术专家是一个令人尊敬的称呼，这同时也吸引了许多向往走技术路线的技术人才。

作为半导体制造设备领域的技术先锋，蔡司能够生产更小型、更强大、更节能、更经济的微芯片，从而在微电子时代起着至关重要的作用。引领前沿科技的背后是几代蔡司人孜孜不倦地攻克技术难题。在全球化的商业环境下，蔡司更是鼓励全球各地的工程师与专家定期面对面地交流与讨论，洞悉全球市场及技术动向，确保提供最先进的技术及服务目标。

蔡司大中华区半导体光掩模解决方案及中国台湾工艺控制研究显微镜解决方案负责人 Oliver Luft 先生表示，在瞬息万变的内外部环境中，蔡司始终坚持与员工一起成长。全方位提供最核心、最先进的技术给到员工，帮助他们成为该领域的专家，从而更好地服务客户。

为了增强对技术专家型人才的吸引力，公司在本土职业阶梯的基础上，特别推出了全球技术专家阶梯项目，为技术专家拓展全球发展的机会，并提供更好的职业认可和保留激励。

每年，经由全球专家成员组成的评审委员会筛选，本土优秀技术人才均有机会被提名加入全球技术专家阶梯，开展并参与全球研发项目，与全球技术专家建立联系网络，交流技术难题，并获得全球的发展资源支持。

在蔡司中国的创新研发团队中，首批从大中华区成功被提名加入全球专家阶梯的人才，不仅有机会参与到发展壮大中国研发中心的项目中，发挥技术领导力，指导基层技术新人，参与学科内领头项目等，还将和全球专家网络合作，投入到塑造未来创新领域的项目中去，例如前沿技术平台的搭建、新业务创新解决方案的开发等等。

黄静女士总结说："技术创新始终是蔡司发展的不竭动力。通过公司自上而下、各级领导层的支持，越来越多的技术专家走出狭小的格子间，参与到各类研发项目中。"

创新是蔡司的 DNA。2012 年 1 月 10 日，蔡司中国创新与研发中心成立庆典在上海隆重举行。该中心是蔡司海外市场的第一个研发中心，也是其全球第三个研发中心。在过去的几年其凭借尖端的研发业务能力，已有多项专利获得批准，进一步提升了蔡司中国的全球市场地位。越来越多的产品研发任务在上海的创新研发中心顺利完成。

总裁福斯特先生表示："中国的研发创新是公司未来业务发展的一个重要推动力，我们既要有中国的深度，针对中国市场做有特色、有前景的开拓，同时还要依靠总部的平台和广度做全球推广。"

凭借着这种执着的研发创新精神，蔡司中国的自主研发能力日益突出。为了使全球化的产品在中国市场充分发挥价值和作用，蔡司中国团队克服重重难关，使其本地化。FORUM 是蔡司医疗旗下的一款医疗影像数据存储、管理和分析的软件解决方案。它能够帮助眼科医生更加高效和准确地诊断各类眼底病和青光眼以及规划白内障手术。但由于不适应国内三甲医院的信息化系统以及中国用户的使用习惯，FORUM 在国内医院部署时遇到各类互联互通的问题，直接影响了它的使用和推广。

当蔡司中国创新和研发中心的医疗数字创新团队找到市场团队讨论在中国的数字创新机会时，医疗事业部市场总监的第一反应就是要做 FORUM 本地化的项目。接着医疗数字创新团队就和销售团队根据市场情况与布局，选择了合适的试点合作伙伴。最后在试点医院的深圳和北京分院实现了全部眼科诊疗流程中的无纸化操作。简单、高效、防错，为医务人员节省了大量的时间，也实现了深圳和北京分院转院病人信息的传输功能，使得原本每个病人需要花费 25 分钟时间减少到只需 0.5 秒钟！

类似的案例还有很多很多，正是这种孜孜不倦、不断开拓突破的精神，铸就了蔡司的百年工匠品牌。

## 彰显科技进步　成就客户成功

蔡司的愿景完全聚焦在客户身上。正如黄静女士所言："只有帮助客户赢得成功并对他们施以激励、启发灵感，我们才能在真正意义上成功完成我们的使命。在蔡司，我们鼓励每位员工对于愿景的不懈追求，为了实现客户价值最大化，从产品的前期市场调研、研发、生产到落地，蔡司的员工都力争将每个环节做到最佳。"

蔡司的全飞秒激光是目前国际上先进的角膜屈光手术模式之一。它使近视矫正的安全性与精确度再迈上了一个新台阶。全飞秒手术以轻柔、微创、无瓣、恢复时间短、恢复效果好，受到眼科手术专家的强烈推荐与好评。从 2007 年第一台全飞秒手术的实施，到 2009 年全飞秒引入中国，到如今全飞秒已在中国装机 400 余台，在中国手术量突破了 120 万例。多年来，屈光手术一直得益于科技的不断进步，改善效果，造福患者，被越来越多的医生认可。

然而，蔡司并没有把业绩增长作为成功的唯一指标，成就客户才是蔡司的初衷。蔡司中国医疗技术团队建立了培训中心，不仅对医生累计开展 6 000 人次诊疗技术培训，还针对专业医疗管理人员开展业务管理上的培训；每年开展专业学术活动 600 多场，服务广大医疗机构、行业协会和医务工作者；还对代理商开展培训，增加他们的业务能力和专业知识。公司销售还对医院提供个性化、整体化解决方案，让医院花合适的钱用上一流的蔡司产品，并有效地开展业务，在提供高质量医疗服务的同时，更快地收回投资成本；同时还帮助医院做患者教育、大众教育和社会教育，普及医疗知识，让更多的消费者了解技术、了解医院及自身需求。

蔡司医疗技术团队的员工总是和眼科医生紧密地联系在一起，和他们一起研究、发现、丰富前沿创新技术的临床应用价值，并及时分享指导，帮助更多的医生更好地使用设备，更早地发现患者的疾病，并及时给予正确的治疗。看到每一名患者通过全飞秒手术变得更从容自信，蔡司员工心中无比自豪。

无论在什么岗位，蔡司人都勤勉奋进，精益求精。黄静女士回忆起一名来自蔡司工业质量与研究团队的应用工程师曾与她聊道："加入蔡司后，我每一天都深刻体会到客户优先、技术为上的企业氛围。即使我之前有着丰富的行业经验，但也和其他工程师一样，必须经过一系列内部专业的培训、严苛的考试，才能拿到相关机型的证书，然后再去服务客户。之后的每一个阶段，公司还会安排针对不同专业、技术程度的工程师进行相关系列的培训，并鼓励大家做到技术和案例分享。"

得益于公司开放、全面的技术分享平台和员工严谨、持续的钻研精神，蔡司工业质量解决方案的售后服务团队一致得到了客户的认可。作为测量合作伙伴，蔡司的客户给予了高度的评价："在合作过程中，蔡司不仅成功满足了我们对测量技术的严格要求，而且也让我们学到了许多关于现代企业管理和服务的知识。蔡司是业内备受赞誉的解决方案提供商。通过双方的携手合作，我们完全有理由相信自己也能成为行业内的先锋企业。"

2013 年蔡司收购了 Xradia 公司，"该公司的 X 射线显微镜产品是一款全新的显微镜产品技术，在整个显微成像行业都鲜为人知，了解这款 X 射线显微镜能够为科研和工业带来什么样的价值的人更是少之又少"。黄静女士回忆道，"但是，蔡司作为一个拥有 170 多年历史的显微镜成像企业并没有为此而迷茫。我们的员工大胆地尝试使用 X 射线显微镜对不同研究目的的样品进行成像，去挖掘这样一款三维 X 射线显微镜的应用价值。经过几年时间的努力，这款 X 射线显微镜得到越来越多科研和工业分析领域的关注，并且拥有了越来越多的用户群体。"蔡司的工程师们和客户一起开辟了高分辨率三维无损成像在材料科学、生命科学、地球科学以及电子半导体等各个领域新的研究应用。

由于 X 射线显微镜的应用，科研和工业领域都取得了显著的科研成果。据统计，使用 X 射线显微镜作为检测手段在国际知名期刊上发表的文章达 500 余篇，其中不乏 Nature、Science 等国际顶级刊物；而 X 射线显微镜作为工业领域产品质量控制的新宠，也为各种电子半导体产品的检测分析做出了卓越的贡献。我们手中使用的每一款手机，在研发阶段都有着 X 射线显微镜的一份功劳。

## 百年老店　传承激活

黄静女士介绍，蔡司虽然是一家百年老店，但每年都有大量年轻血液加入，公司员工的平均年龄也相对年轻。这离不开公司管理层一直以来积极给年轻人搭建平台，同时也得益于公司为年轻员工制定的各类项目，帮助他们充分准备，扩大视角，并加速发展。

以全球毕业生项目为例，蔡司针对有潜力的毕业生以及工作经验不足 3 年的职场新人，将他们安排在 15 个月的跨职能、跨行业、跨地区的快速成长项目中，参与者将通过总部拜访、领导定向辅导等形式，加深对蔡司品牌、文化、领导者行为的理解，快速融入企业。

2018 年，中国医疗市场部就有一位员工申请加入蔡司全球培训生项目，她先后在中国区市场部、德国总部的市场部及美国销售部门轮岗，体验了不同市场的业务。

黄静女士表示："通过这种跨区域和跨职能的轮岗，给员工提供了一个宝贵的机会，可以密切关注我们各个主要市场的相关员工如何在全球范围内实现统一的目标。在新的环境或岗位上，轮岗的员工会收到来自各个部门同事的帮助和建议、鼓励，更好地完成项目。"

这种方式卓有成效，如那位市场部的轮岗员工所言："如果没有参加这个项目，我自己可能要做两三年销售才会对这个职能有所理解，但现在有导师、有全球团队的帮助，能让我迅速地在三四个月内洞察到这些经验和规律。现在的我迫不及待地想要把这些新学的角度和思维应用到之后的市场工作中。"

## 企业文化自上而下 融汇贯穿

针对企业的组织文化建设，黄静女士表示："在这个不确定性和复杂性都在不断加剧的市场环境中，我们需要塑造一个更加全球化、网络化和灵活化的组织文化，集团领导作为文化之旅的指导者，意味着他们必须在日常工作中使用我们的战略框架，识别文化差异，设定拥有明确行动的里程碑，审查、重申并指导他们的团队从而符合我们的目标和抱负。"

配合战略需求，蔡司于 2008 年推出了文化之旅，积极发展企业文化。蔡司的领导人将蔡司的文化注入生命视为己任。他们身为榜样，并指导他人如何将蔡司文化应用到日常工作中。在蔡司，公司内部的文化落地是自上而下，由每一位领导人在每天的工作生活中塑造的。

黄静女士介绍："蔡司文化来自企业的价值观：我们为客户提供能创造一流价值的创新服务，并赋予每一位蔡司员工践行责任，因为我们相信只有行动一致且实际，才能达到我们的目标。也正是因为这样的文化，让每一位蔡司员工紧紧地团结一致，不断努力获胜。"

对于员工的招聘，蔡司中国医疗技术总负责人刘永华先生作为一名企业高管，不管多忙，都会亲自参与每一位市场部和销售部新员工的面试流程，在他心里，蔡司这个品牌代表着最高端的品质与技术，而每一位蔡司人都肩负重任去传承与发展。在他看来，只有确保拥有高素质的人才，才能保证公司医疗产品始终领先于市场，并实现公司对病人的承诺。

此外，各个事业部的管理者都十分重视员工的发展，蔡司中国研究显微镜解决方案负责人张育薪先生这样解读："蔡司的人才有这么一个特点，我们的一部分员工有着专业的科研技术背景，同时也拥有一部分员工来自非专业领域，但他们都对蔡司的产品有着无比热爱的好奇心。我们有时觉得自己工作在一

个大的实验室中，一起讨论最前沿的技术，并探索各种应用的可能性。开放、创新、突破是我给蔡司员工最好的诠释。"

在人才的储备与组合上，蔡司中国工业测量质量解决方案负责人平颉先生表示："2019 年是蔡司涉足工业测量领域的第100 周年。立足百年，我们始终把员工作为最宝贵的财富，去推动工业技术的发展。在未来的一百年，我们期待更多元化、数字化的人才，推动我们的业务涉足更广泛的领域。"

黄静女士回忆，在她刚入职的时候，有近一半的员工在蔡司的工作年限超过五年，随着近年来公司文化之旅工作在管理层的带领下不断深入，以及公司在本土业绩的蓬勃发展，员工的凝聚力还在不断增强，战斗力也在提升。对于未来发展，她十分自信地说："作为一名人力资源管理者，我有信心带领我们的团队继续推动业务在华发展！"

## 用科技回馈社会 创建美好家园

中国青少年的视力健康问题日益突出。蔡司光学深耕视光行业，一直以来主动积极地关注青少年近视防控问题，大力投入青少年的产品研发，用行动保护青少年的美好视力，不仅在专业光学产品领域推陈出新，在验配环节也一直锐意创新，为青少年特别设计的耐磨、易清洁的优质单光镜片蔡司小调皮镜片、蔡司"爱动"套餐，还有帮助青少年近视管理的功能型镜片蔡司成长乐镜片、蔡司成长悦镜片。此外，蔡司光学携手合作伙伴每年在全国多个城市巡回开展近百场验光服务，用专业的设备为青少年及大众消费者带来优质的视觉体验。

肩负呵护青少年视力的使命，蔡司不局限于产品的研发与生产，还积极投身青少年健康公益的行动中，为更多青少年带来视力保健服务，增加社会各界对青少年视力健康问题的关注。自2017年起，蔡司光学在全国各地巡回宣传与普及"'目'浴阳光，爱动才是爱眼"理念，号召青少年每天户外运动2小时，科学用眼。

蔡司光学已连续数年举行"蔡司光学青少年助童行动"，联合公司"免费午餐"公益项目助力儿童健康成长，并深入到"免费午餐"项目定点捐助的学校，为边远地区的青少年进行视力健康筛查，科普爱眼护眼知识等，提供优质视觉体验。

在青少年公益事业上，蔡司光学不断开拓创新。2018年蔡司光学策划"消除冷板凳，让孩子勇敢上场"公益艺术行动，呼吁公众特别是每一位青少年家长，关注孩子内心的渴望与呼唤，重视视力问题对孩子心理和未来发展的影响。

蔡司用心关心青少年及青少年学生成长的引路人教师群体，连续启动"微笑新视界·无镜教师节——百名优秀教师免费摘镜"公益行动，为上海、成都、重庆、郑州、青岛等城市数百名优秀教师提供全免费的全飞秒近视手术。蔡司持续关注边远地区教育事业，"微笑全飞秒"自2015年启动以来，为50多名乡村女教师摘镜，摆脱近视困扰。类似的慈善公益活动不胜枚举。

为了充分发挥员工的价值，造福客户、社会，在雇主品牌的塑造上，蔡司非常注重团队凝聚力的提升，每年蔡司中国的各个事业部都会举办年会，回顾以往，展望未来。总裁福斯特先生每次都会提前准备，选择用中文来感谢每一位员工的辛勤工作并致以深深的鞠躬，这一传统而又隆重的方式每每深深感动着台下的每一人。不仅如此，每年公司都会邀请优秀员工的家属到现场，分享员工在蔡司成长的故事。每年的故事都不同，但相同的是一个个蔡司人勤勉奋进、精益求精、客户至上的身影。

这就是蔡司的雇主品牌故事，更加精彩的故事还在继续。正如蔡司大中华区人力资源负责人黄静女士所言，蔡司在乎每一位员工的发展，鼓励他们为社会进步做贡献，或许这就是蔡司百年基业长青，在诸多领域演绎精彩的真谛。

▶ **关于蔡司**

蔡司是全球范围内先驱的光学与光电行业科技集团。蔡司集团专注于开发、生产和销售测量技术、显微镜、医疗技术、眼镜片、摄影和电影镜头、双筒望远镜和半导体制造设备等。蔡司集团推出的解决方案让光学世界不断前进，并推动了科技的进步。

蔡司分为四个业务部门：工业质量与研究、医疗技术、光学消费品市场和半导体制造技术。蔡司集团在全世界超过 40 个国家设有代表处，共有超过 50 个销售和服务中心、超过 30 个生产基地以及 25

个研发中心。

欲 了 解 更 多 信 息，可 登 录：https://www.zeiss.com.cn/corporate/home.html

同时，我们也欢迎您关注卡尔蔡司招聘微信公众号，了解更多，成就你的精彩！

**LEONI**

# 莱尼电气

雇主品牌
# 寄语

持之以恒为员工创造卓越的雇佣条件，致力员工多元化的成长与长远发展。

# 莱尼电气
## 用创新推动发展

**专访莱尼电气系统（上海）有限公司亚太区人力资源总监吴东**

莱尼集团是全球电缆和线束领域领先的技术型公司，专注于汽车、工业和医疗设备、通信和基础设施、家电及电器等领域束线和绞线的生产与销售。集团系德国上市公司，业务遍布32个国家，拥有超过86 000名雇员。自20世纪90年代初登陆中国市场以来，公司一直稳定快速发展。截至目前，公司在中国地区已建立了11个独资工厂和2个办事处，员工人数超过8 000名。

"莱尼集团成立于1917年，总部位于德国。从纽伦堡的一家铜丝车间发展至今，莱尼在全球拥有超过90个生产基地。经

过一百多年的发展，莱尼线束作为一家企业原材料供应商，通过不断创新，在汽车工业中树立了良好的声誉。"莱尼电气系统（上海）有限公司亚太区人力资源总监吴东女士介绍，"虽然在车体上莱尼的产品是隐形的，不能被直观地看到，但它以自己独有的严谨特质、生命力保持了百年基业长青。莱尼的这种专注、精益求精的品牌特质，是吸引我加入的原因之一。"

## 全球化视野：中国创造

在国际化的发展上，对美洲和亚洲市场的开发，是莱尼迈向全球角色的重要一步。在中国市场的开拓上，沉稳内敛的莱尼始终保持稳定的步伐。1993 年，莱尼在中国成立了第一家子公司，初期主要是通过国内现有客户进入中国。随着销售的增加，莱尼在中国又建立了多个生产基地，设立了研发机构。

莱尼非常重视中国市场，持续追求在亚洲市场的强劲增长。莱尼电气系统（上海）有限公司是莱尼线束系统集团在中国投资规模最大的工厂。工厂配备先进的软硬件设施，实施莱尼全球生产效率体系（LPS）及 FORS ERP 全球网络系统，拥有自己的线束实验室，能够满足客户的各种实验要求。

用创新推动发展始终是莱尼发展的鲜明特色。吴女士表示："大家都知道很多东西，以前叫'Made In China'，现在改为'Created In China'。这也是全球化公司实施中国本土化战略后，人力资源管理在思考的问题，即在产品生产、质量、运营方面，如何从人力资源管理的角度鼓励员工在工作中创新，实现企业的内延式成长与增长。"

创新是莱尼企业战略的核心组成部分。在许多行业，如汽车制造、医疗技术、通信等应用中，莱尼的产品和系统被公认为创新先驱，体现到日常生产中，就是从产品研发、产品质量提升到运营效率提高，精益求精，不间断地改善。

如吴女士所言："莱尼是一家非常典型的欧洲企业。创新已经融入到莱尼日常工作的每一部分，在领导力胜任模型中，有创新的部分，因为莱尼本身的客户都是做车企的，车企这个市场在中国是非常动态而多元化的，这就要求我们的员工，包括供应商，甚至是商业合作伙伴都能在公司文化里面有所传承。那么在有关领导力、人才招聘，在创建自己公司文化的时候，都能够把这些元素加进去。"

为了鼓励员工开发自身的潜力，讲出好的创意，莱尼开展了创新提名活动，并且及时给出反馈或评价，让员工知道公司是十分赞赏并感谢这些创意想法的。

吴女士表示："这是一个质量时代，质量关乎企业的可持续发展。质量时代需要质量思维，不断进行创新求变，实现质量和效益的持续提升。公司成立了精益生产（LPS）推进委员会，形成了公司及事业部层面的 LPS 体系及推进规划。我们不仅注意技术层面，员工技能及精益生产工具使用，更注意文化层面，改变思维模式，充分发挥每个人的力量，共享创新带来的各种效率与效益的提升。"

莱尼非常重视开发员工的创新潜力，设置有专门渠道，在精益生产下面有一个持续改进部门（Continual Improvement Department），这个部门专门负责收集员工好的创新想法，同时由推进委员会对收集到的创新想法进行评估，这个部门的成员是由不同部门、不同层级的员工组成的，比如说一个月内收到 10 个创新想法，这个团队就从不同维度进行积极评估，哪些可以降低显性的成本，哪些可以降低隐形成本。

为了鼓励创新，莱尼建立了多样化的沟通渠道，员工可以通过邮件发给负责持续改进的部门，也可以在想法不成熟的情况下先反馈给部门经理进行前期评估。员工贡献的所有想法，都会放到公告栏、海报或者内部简讯上发布，让他们知道哪些创意可以做，哪些做不了，原因是什么，总之会有一个好的反馈机制给到员工。特别突出的创新想法也会被推荐到德国总部，在全球的内部通讯中看到。

"效率"这个概念与创新紧密相连，可以通过两种途径获取：一个途径是创新新产品，另外一个途径是改进技术，更新换代现有产品。有些企业是通过创新的产品提升效率和竞争力，另外一些企业则是通过实现操作上的精益求精获取竞争力。

在中国，莱尼一直鼓励创新，持续改进。其中，有两个卓越的创新项目获得莱尼全球大奖，并在全球的生产工厂得到推广。一个是自动化线的案例，原来的物料是由很多人去取，再由员工送到各个车间产品线上，经过改进后，通过在地上铺有轨电车的传送装置，把物料放到小推车上，设定程序，直接送到安装需要物料的地方，由此直接节约了人工成本，并规避了运输过程中容易出现的安全问题。第二个是设了一个机器进行纠错。以前主要是靠车间的目视化管理，但是后来发现目视化管理很难做到判断的准确无误。为了提高诊断的准确性，我们开发了预先诊断仪，通过这种诊断系统，连接到电缆上，检测合格就显示绿灯，不合格则显示红灯。通过灯光显示情况推测哪个工作站有问题，这种预检测的方式避免了终端品质检测时遇到的一些问题，有助于在最短的时间内解决问题，并且这种做法规避了终端产品可能会出现的品质问题，提高了产品质量，降低了误差率。这两项创新项目得到了莱尼全球的认可，并被应用推广到欧洲等地的工厂。

## 包容开放：跨国界人才流动

在人才吸引与发展上，莱尼充分发挥全球化的网络优势，为员工提供更宽广的职业发展平台。吴女士表示："莱尼非常大，全球有八九万人，中国的员工数只是其中的九分之一，全球化的网络分布为国际化的人才提供了无限的职业发展空间。作为莱尼亚太区的人力资源负责人，我希望中国区的员工不只是把自己定位在中国本土，而是要有全球化的意识与视野，经常走出去到国外的公司提升自己。"

在培训与员工发展上，莱尼的口号是"将您的教育与最佳雇主的成就相连",倡导终身学习。莱尼在制造业的卓越成就,归功于其在技术培训的大量投入。莱尼非常重视技术人才的培养,2012年,莱尼在中国建立了一个专门的技术培训中心(TTCC)。其目标一方面通过专业技能培训手段提高公司现有员工的技术能力,另一方面通过机械和电气领域的职业教育来吸引更多的新型人才。参照德国技术培训模式,TTCC采用理论和实践相结合的双元制教学方式,为将来建立统一的生产与维修的高质量标准打下坚实基础。此模式因其高质量以及更贴近实际工作所需技能的培训而享誉全球。

吴女士解释说:"莱尼在发展上非常依赖公司的工程师与技工,一流的产品需要一流的工程师研发,需要一流的技工进行工艺化的生产与操作,是他们创造了公司有竞争力的产品。"

TTCC培训内容基于德国教育部(BMBF)和德国工商会(DIHK)颁布的职业教育大纲进行定制教学。学员完成学业并通过培训中心考核后,将会获得相关职业学院颁发的毕业证书和基于德国双元制职业教育标准的资格证书。

参加TTCC的学员都经过多轮严格的筛选。学员中的70%是有经验的工程师,20%来自社会招聘,10%是校招生。每年TTCC都会和工厂一起从内外部甄选符合要求的学员。入选学员不但要接受严格的动手技能培训、一定的相关理论培训,而且更重要的是,在两年培训过程中还要适时地到工厂接受严格的一线实际技能培训,以便积累以后工作所需的经验。同时在TTCC还会定期开展英语口语等方面的培训,以便拓宽学员的视角，为未来进一步发展打下良好基础。

在支持公司的可持续发展上，莱尼技术培训中心的学员一直是前赴后继。现在在上海总部的研发中心有 100 人。这 100 人是结合了八个事业部，根据产品的客户来分的。工程师会根据自己的专长以及对客户的理解而分配到不同的产品线，比如有一部分人是专门做通用的，有一部分人是做捷豹路虎的，还有一部分人是做奔驰和宝马的。

个人职业发展规划（IDP）是莱尼培训战略的一个关键部分。根据学员的经验与项目进展，莱尼会选出一些比较重要的能力强的工程师，这些人相当于老师傅，来培养新的工程师（比如校招生）。而重点培养的工程师会进行一定的托管，在某一个项目工作一年后会被转到另外的项目，第三年又会被转到别的工厂参与其他的项目。三年当中，他也有可能会去德国研发中心总部进行技术培训学习。

工程师会被分为三个级别，即初级、中级、高级。每一个级别的评定都有相应的能力素质模型。根据这些要求会做相应的匹配、评估，让他们知道自己处在什么阶段，所处级别与上一级的差别在哪里，以便知道自己下一步的职业规划是什么，甚至由此来决定是在国内发展还是到德国发展。他甚至可以直接申请在德国的职位。我们内部就有很多在中国工作几年后，申请去德国工作两年，然后再回上海这样的事例，人才流动非常开放。

除此之外，在日常工作中，莱尼时常都有跨国界电话会议与项目沟通，给员工提供了国际化的视野。对我们内部来讲，每年都有全球化的管理层会议，沟通哪些方面做得好，哪些方面需改进，更加明确地知道接下来哪些方面需要努力改进。在精益生产与管理上，全球的 LPS 部门每个季度都会把搜集到的信息提供给相关部门以便跟进和反馈。

国内的员工可以走出去，到国外的企业工作、交流。莱尼内部有一个招聘机制，其中会有一些相应的制度和流程，当国外的职位空缺时，内部员工可以根据自己的情况优先选择。除此之外，中国区以外的员工也可以到中国来工作、交流。跨国界的人才流动在莱尼时有发生。在雇主品牌的推广中，也会将跨国界人才流动 1—2 年后的员工工作和生活感受录制成视频，在校园招聘活动中展示，让优秀毕业生知道有这样的机会。

在日常管理中，吴女士介绍，作为一家全球性质的公司，莱尼在本土化的过程中，以尊重、公开、信任、透明、正直为公司的文化。在透明、公开和正直方面，公司非常倡导开门文化政策（Open Door Policy），所有管理层的门基本都敞开，而不是关着门的。这是公司管理层对员工的承诺，除非在开会或者特殊时候需要关门，正常情况下是要开着门的，这样方便员工在遇到问题的任何时候都可以与自己的上司或者管理层展开讨论、交流。

在跨部门与跨区域的沟通上，我们尽力营造尊重、公开与信任的沟通渠道与环境。跨区域沟通方面，所有工厂的管理者每个季度开一次会。人力资源部门团队每个月开一次沟通会。跨部门之间的合作是通过部门中有权威的人士来参与对话沟通的，然后再到部门讨论哪些方面可以更好地改进，有些问题是要通过几个部门共同协作来解决的。

为了塑造透明的企业文化，莱尼倡导员工勇敢表达（Speak Out），定期每个月一次，邀请员工代表进行开放的沟通和交流，包括部门经理、人力资源部门的同事、总经理、高级副总裁等都会介入这样的会议中。为了鼓励这种精神，工厂会张贴很多告示，让员工正确认知自己的能力，大胆表达自己的观点与想法，而无论结果是正确还是被否定。同时，积极创造机会给予员工表达，在部门会议或全员大会期间，会请员工来主持会议，让员工感受到莱尼是自己的家，他是这个家的一分子，

从而塑造员工的主人翁意识。

针对员工的职业发展，我们会提供丰富的培训，如入职培训、在岗培训、年度培训计划等，帮助员工在职场中获得成长。在招聘新生代员工的时候，就让他们先了解公司，再确定是否要在公司继续工作。同时，员工本身就是雇主品牌的代言人，如果员工能推荐人才加入公司工作，公司也会给予一定的奖励。为了提高员工的归属感与稳定性，员工在公司工作三个月和一年后都会获得相应的福利和奖励，包括工龄奖及返乡的车票报销福利等，让员工感受到公司对他们的关心。

## 转型谋局：数字化管理

所谓转型，其实就是追求高质量、高效率，往行业价值链的上游走，提升竞争力和投资回报。针对市场需求变化，尤其是电动汽车配件需求的增加，莱尼也在逐步从低压线束产品向高压线束产品转型。低压线束相对安全，生产线人数需要较多，高压线束则带有一定的危险性，需要机器化、智能化生产，生产线人数相对会少很多。原来一组 10 个人，转向高压线束生产后可能只需要一个人。人工的因素会更少，更多的是在机器系统操作层面。未来 3—5 年，莱尼将完成这样的产品转型。

针对转型，莱尼未来的人力资源配置相应也在发生改变，吴女士与她的团队已经开始思考并应对这种改变，相比原来的车间，一是机器设备会增加，二是人员技能是否跟得上，三是对现有人员如何重新定位、优化配置。对于人力资源而言，应对这种动态性的挑战，需要对公司转型后的业务十分熟悉才能给予正确的评估。吴女士为此已经有了计划，未来莱尼将通过数据化方式来实现管理，通过工具或者系统，统筹原材料、机器设备与人工成本等数据，计算出需要配备的相应人数，而不是单纯地依靠运营政策。她谈道，在运营层面，包括人力资源、信息技术、财务等部门都需要根据数据化管理理念建立相应的机制，储备所需的知识与技能，只有这样才能在动态化的市场中契合公司的业务转型。未来3—5年内，人力资源工作者将重点提升这方面的技能与创新思维。

作为一家有着很强的企业社会责任感的公司，莱尼十分珍视现有的员工。在转型中，针对可能会出现的人员缩减，吴女士表示："莱尼2019—2020年会增开四家工厂，现在是六家公司，未来可能会有8—9家，在扩厂的同时，未来工厂的产品也会有不同的规划，在整体的战略布局上会做相应的调整，会有三到四家重点做高压线束产品，另外还有一部分做低压线束产品。在这个过程中，人力资源方面的第一步就是要先做一个人才盘点，再评估人才流动的可能性有多少，会涉及整体的人才战略管理。然后会跟一部分员工进行约谈。蓝领工人采用的是外包形式，开展工作会相对比较容易。但对工程师及车间支持相关的人员如一些质检人员、机修工等，他们不直接参与生产，但对生产起到至关重要的作用，我们会对他们进行人才盘点、沟通及发展计划，以便确定哪些人可以保留、哪些人可以做区域人才流动，或者做轮岗，每一年我们都会制定相应的盘点与计划。"

　　随着企业规模化发展，人员越来越多，莱尼将建立一个人力资源共享服务中心平台，基于人力资源管理的内部网络平台，亚太区所有员工都可以登录，及时了解公司层面、跨部门等方面的相关信息。同时，通过热线电话可以及时解决员工面对的任何问题与疑问。此外，我们也可以通过一个云端，跟踪员工的登录情况、信息关注情况，了解员工提出频率最高的一些问题，哪些方面需要支持等，采集需要的信息，帮助员工解决实际问题。我们将通过数据化管理支持公司的规模化与区域化发展，实现人力资源为业务合作伙伴服务的功能。

## 日常管理：呵护健康安全

　　莱尼非常注重员工的身心健康，除了配备护士与医生，给员工购买商业医疗保险外，还会外请保险公司的老师和医生针对养生、女性保健、子女教育等话题举办一些讲座，开展一些健身操或者保健活动来避免办公室疾病，给员工提供一些健康安全辅助。对一些有职业病的岗位或特殊岗位会开展定期体检，根据体检数据报告，对员工的工作进行相应的一些调整。

　　此外，莱尼还配置了健身房，员工可以去健身，并定期组织很多活动，比如乒乓球比赛、篮球比赛、保龄球比赛等，开展一些团建活动。比如羽毛球比赛，各个工厂会选派一些代表共同参与，这一定程度上促进了跨部门跨区域的团建。莱尼全球会举办四年一次的足球杯。男子足球杯、女子足球杯，莱尼中国每年都会举行，各个工厂之间都会进行安排。员工可以通过内部通讯了解到这些信息。

莱尼有一个办公自助系统平台。如果员工需要在家中办公，便可以在网上申请，这也是会得到批准的。针对不同年龄段的员工，莱尼会定期地进行 70、80、90 后的雇员对话，促进他们之间的沟通与了解。针对不同年龄段员工，公司提供弹性化、可定制化的福利，90 后可以根据个人喜好选择诸如健身卡、阅读卡、美发卡等福利。而 70、80 后，有更多家庭责任的员工，可以选择为配偶或者子女购买商业医疗保险。另外，对于新生代员工，在员工活动日，公司鼓励他们积极参与活动，给他们提供更多的表现平台与机会，提高他们的归属感。

在"家庭日"，我们会邀请员工家属来公司参观，让员工家属了解他们的工作环境。每年我们会制作一些卡片，感谢员工对公司的付出及家属对他们的支持，莱尼把这些感恩的理念渗透给不同年龄段的员工。

为了提高员工的归属感与自豪感，莱尼还会组织一些优秀员工去客户的工厂参观，具体了解他们参与生产的莱尼产品用在客户产品的哪些地方。定期组织这样的活动，使得员工的工作更加丰富和充实，进而增加他们的归属感，提升他们对产品质量管理的意识。

最后，吴女士谈道，她在莱尼最快乐也是最有成就感的事情，就是营造员工勇于表达的创新文化氛围，给员工创造更多站在聚光灯下锻炼自己的机会。针对莱尼未来的雇主品牌建设，她希望看到更多新事物的产生，用更多的创新去推动公司的发展。

▶ **关于莱尼电气**

莱尼是一家来自德国，为汽车及其他行业提供能源数据管理产品、解决方案及服务的全球供应商，在全球 31 个国家拥有超过 86 000 名雇员，2017 年销售总额达 49 亿欧元。

莱尼的大客户涵盖全球著名的乘用车、商用车及零部件制造商。此外，莱尼亦向以下市场提供产品和服务：数据通信与网络、医疗、过程工业、交通、能源与基础设施、工厂自动化、机械与传感器以及船舶。遍布全球 90 多个地点的研发、生产、分销及服务网络确保随时向客户提供定制支持。

自 20 世纪 90 年代初，莱尼登陆中国以来，一直稳定快速发展，已建立了 11 个独资工厂和 2 个办事处，员工人数超过 8 000 名。

莱尼连续 15 年在德国获得最佳雇主的称号。我们持之以恒为员工创造卓越雇佣条件，致力员工多元化成长和长远发展。

生物梅里埃

雇主品牌
寄语

相比以往任何时候，今天我们所面临的市场环境充满了前所未有的挑战和机遇。生物梅里埃作为一家全球知名的体外诊断企业，我们不断及时调整自己，以应对这一系列的变化。在所有的成功驱动核心因素里，我们的员工、我们的团队都是重中之重。唯一不变的，是我们对全人类健康事业的承诺，因为我们坚信诊断的力量。Together, we help save lives!

# 生物梅里埃

## 员工、团队是我们的重中之重

**专访生物梅里埃亚太区人力资源副总裁张群丽**

生物梅里埃是一家具有逾百年历史的全球知名体外诊断企业，在病原微生物诊断技术领域位居世界领先地位。从阿兰·梅里埃第一次来到中国，梅里埃家族与中国的友好交往已经延续了几代人。在庆祝中国改革开放四十周年大会上，梅里埃基金会主席阿兰·梅里埃就是十位获得中国改革友谊奖的国际友人之一。

梅里埃与中国拥有传统的友好合作历史。生物梅里埃以及梅里埃基金会一直与中国政府机构、科研单位和企业在疫苗、医疗诊断、免疫和传染病防治等领域开展广泛合作，大力支持中国传染病防控体系的建立、支持中国政府建立最高级别的生物安全实验室（P4 实验室），与上海复旦大学医学院合作成立科研基地，为中国传染病防控、抗菌药物耐药、癌症免疫治疗、食品安全检测等做出了积极贡献。

"医疗健康这个行业本身就让你有满满的自豪感与贡献感，这也是当初我选择这个行业的原因。生物梅里埃是一家有情怀和使命感的公司，家族的传奇与传承，品牌和产品的影响力，深深地吸引我加入这个大家庭。"访谈间，生物梅里埃亚太区人力资源副总裁张群丽的言语中流露出她对这个行业与整个企业组织的自豪之情，"在企业发展中，生物梅里埃始终坚信员工是公司最大的财富，始终将员工放在第一位，为他们提供卓越的工作环境，鼓励人才发展。"

十年磨一剑。张群丽女士加入生物梅里埃至今已进入第十个年头，她以出色的职业生涯，与生物梅里埃共发展——从负责中国区的工厂，到负责整个北亚以及整个亚太区——展示着自己的智慧与才华，也展示了生物梅里埃公司这个就业平台给予员工职业发展的无限可能。

## 全方位关爱员工

"生物梅里埃集团一直秉承'在中国，为中国，与中国共发展（IN CHINA，FOR CHINA，WITH CHINA）'的理念，积极推动中国健康事业的发展，在中国不断增加投资，开拓新的生产线，培养更多的人才。"张群丽女士介绍，生物梅里埃亚太

区基地坐落于上海浦东康桥，是生物梅里埃公司继法国、美国之后全球范围的第三大基地。

"员工体验及员工的归属感是近年来人力资源领域热议的话题。生物梅里埃砥砺前行，致力于建立人才生态系统，从人才吸引、保留、培养与发展等领域入手，不断发挥公司的雇主优势，提高员工的归属感。"张群丽女士分享在雇主品牌建设方面的经验。

为了给予员工无微不至的关怀，生物梅里埃启动了"完善关'埃'别动队"，从弹性福利的设置到员工储蓄计划的设置，以及员工持股计划的推出，营造"梅家人"大家庭的温馨氛围。

在员工体检机制上，生物梅里埃每年通过内部有奖体检体验问卷调查，参考每年医疗费报销数据库，分析员工普遍疾病的趋势，制定出体检必选项。另外，公司每个季度组织以养生保健为主题的健康讲座，全体员工均可通过线上或线下的方式参与。同时，公司提供各类保险，员工在关爱自己的同时，可以关爱到家人，使用积分或自付费的方式，为父母、配偶、子女购买健康套餐。

为了让员工与公司共发展，公司实施了员工持股计划，希望更多的梅家人成为公司的股东。凡是在公司工作满一年的员工均可持有法国梅里埃公司的股票。员工所获的股票均为法国股票，员工不仅能以市场折扣价购入，还能获得买股赠股的超值优惠，只要员工进入到全球人才库，通过评估他们的贡献，公司都会赠予一定的股票，让他们与公司同成长、共进步。

"在中国外汇管制日趋严格的情况下，持有境外股票的操作流程变得十分复杂。人力资源部门事先需要做大量的沟通协调以及文件的准备，才能获得外管局的审批，确保生物梅里埃所有中国境内的员工都能合法交易公司的股票。"张群丽女士很有成就感地说，"人力资源的工作是艰辛的，但对于员工与企业的长期健康发展是非常有价值的。截至 2019 年 1 月 1 日，中国区已经有 40% 的员工（在公司服务满一年）参与了员工持股计划。"

## 让员工保持竞争力

"在生物梅里埃，我们为员工提供完善系统的培训，因为我们不仅希望员工在生物梅里埃的时期是有竞争力的，更希望有一天当他们选择离开公司时，在市场上仍保持高位竞争力。"张群丽女士分享了当她刚加入公司时，全球首席执行官分享的一句非常打动人心的话。在员工关怀方面，物质关怀是一方面，员工的职业发展及软技能培训更是重中之重。

在员工培训与发展方面，生物梅里埃在 2005 年就设立了梅里埃大学，经过十余年的沉淀，从一个专注于内部员工技术培训的基地，成长为拥有一栋四层楼的梅里埃亚太区培训中心，课程内容涵盖专业技能、软性技能与领导力等，在综合文化数字领域有中英双语授课。

张群丽女士介绍，每一位员工每年都能通过至少 1—2 门的培训课程来增强自己的专业技能与综合技能。以应用技术专员为例，从加入公司开始就要接受入职培训、应用技术综合能力的考试、临床知识培训、销售技能培训、软性技能的培训等。培训内容不仅包含专业基础知识，还有很多前沿技术的拓展，让员工在了解公司产品的同时也开拓新的视野，为其长期发展助力。

　　培训中心针对不同产品线、不同部门的诉求，提供定制化培训。针对新的产品线，培训中心会与参与培训的销售经理一起开发销售培训工具，根据实施效果，不断调整培训方案以适应市场需求。针对技术岗位，设立"晋级战士"项目，根据年资不同，从不同维度全面提高他们的技术能力。生物梅里埃投入了大量的培训资源，引入了外部优秀的师资力量，让员工在生动有趣的课程中提高相关能力。同时，培训中心也拓展了一部分内部员工作为讲师，与同事互动，教学相长。

　　培训中心在丰富培训内容的基础上，积极探索数字化的在线培训课程，包括多国语言的培训、新人培训及产品培训等多种尝试，通过微信公众号等线上媒体以多样的讲课视频形式，打破地域与时间的限制，让大家充分利用碎片化时间，获得更多的培训知识。

## 敢于创新，包容失败

　　正如张群丽女士所言，外部的市场环境瞬息万变，法规、市场条件也在不断地增加市场的复杂性。为应对这些变化，公司的业务模式也一直在做调整，由原来传统的以产品驱动为导向，向以病患服务及整体性的解决方案转移。

　　在此基础上，公司提出了一个新的理念——归属（Belong）、勇敢（Dare）、影响（Impact），倡导员工勇敢地去做一些尝试，丰富整个职业发展。

张群丽女士进一步解释说："在员工的管理中，生物梅里埃始终把员工作为公司最宝贵的资产，这跟梅里埃家族强大的公司文化相关，非常注重人的差异化与多元化。"

就其个人经验而言，张群丽女士分享，她自己就是一个很好的事例，除了亚太区的项目，她还参与了全球的数字化转型项目。在她接触项目之前，数字化对她完全是一个全新的领域，但积极地去拥抱变化，就是一个不断创新成长的过程。

目前公司正在通过不同手段的创新，打破传统的工作方式，探索一种新的组织架构。一个项目组织的成员可以由来自不同地区、不同职能的人员组成。张群丽女士表示："来自不同领域的人员组合，使项目组织在信息输入方面更完善，对外界的市场反应更精准、敏捷。未来，项目性的组织在企业运营中将日趋常态化，更有利于推动创新。"

张群丽女士介绍，为了鼓励创新，公司通过设立"失败博物馆"，提高对失败文化的接受程度，鼓励大家以开放容错的心态从失败案例中汲取经验。但她强调："包容失败的创新，并不是放弃对高绩效的追求，相反，对内部员工的资质绩效管理要求会更高，在创新项目的初期筛选上会更加全面。"

## 发挥员工的主动性

张群丽女士在分享雇主品牌建设经验时，深有感悟地说："将员工体验放在人力资源中心，这意味着企业是以员工为中心，发挥他们更多的主动性，让他们参与进来，有归属感。"

她举例，生物梅里埃亚太区与全球总部的团队合作非常紧密，在促进人才流动方面，不仅吸引其他区域的人才加入，同时也积极将亚太区的人才输送到总部，带去更多区域性的影响力。

生物梅里埃启动了针对亚太区业务需求的定制化领导力发展项目 LEAD。LEAD 是 Leadership（领导力）、Excellence（卓越）、Acceleration（加速）、Development（发展）四个词语的首字母缩写，按照区域国家，评估筛选出优秀的员工进入该项目。这些人才的甄选覆盖了生物梅里埃亚太区的所有国家，包括印度、韩国、澳大利亚、中国及东南亚一些国家。LEAD 周期为两年，旨在通过优秀领导力的最大化来驱动团队的卓越绩效表现，加速企业的健康发展，反哺全球总部。

张群丽女士介绍，项目中的这些人才除了在企业经营发展与团队建设中有着很强的自驱力外，同时还是生物梅里埃的品牌宣传大使，他们主动承担核心职责外的工作，自愿地为提升雇主品牌形象做贡献。

除了品牌宣传大使外，在人才吸引上，内部员工也发挥着非常重要的作用。张群丽女士欣慰地介绍："良好的员工体验与归属感的构建，会产生由内而外的口碑宣传效应。内部推荐的招聘方式越来越受到内部员工的认可与支持，从整个招聘渠道分析，35%—40% 的职位是通过员工内部推荐完成的。这说明越来越多的员工认可自身的雇主品牌与优势，自愿地为公司做宣传，把身边合适的人脉圈资源介绍到公司。"

同时，生物梅里埃在候选人的吸引上，还向莘莘学子敞开怀抱，与医学院及多个疾控中心开展广泛合作，邀请学生到生物梅里埃参观学习。公司已连续受邀参加了上海交通大学"职在必行"求职招聘大赛，让同学们更加深入地明白医学检验在临床应用中的实际意义，吸引优秀人才加入公司的发展。

　　在增进候选人面试体验方面，人力资源部门通过使招聘更加系统性和科学性，提高面试效率。为了增加外部人才对生物梅里埃的认识与了解，公司开通了招聘微信公众号等新兴的社交媒体渠道，在第一时间报道生物梅里埃的最新活动和新闻，吸引集聚了一大批粉丝，极大提升了生物梅里埃的知名度和关注度，让更多的人了解生物梅里埃的历史、文化、公司使命和品牌价值，以线上线下相结合的方式，增强雇主品牌形象的宣传。同时，作为时下最热门的招聘渠道，招聘微信公众号极大地便捷了职位的传播和候选人投递，便于公司建立广泛的人才库，并通过人才管理和持续吸引，提升招聘效率。通过公众号这个实时通信工具，招聘团队可以第一时间解答候选人的疑问，处理投递的简历，给予候选人最快捷的信息反馈，提升了候选人的体验度，从而增强候选人对品牌的认可度。为了帮助业务部门提高面试的有效性，招聘团队针对招聘量大且重要的职位，从职位的核心素质要求到面试问题的设置等方面制定了详细的面试指导手册。

　　实至名归，生物梅里埃凭借优秀的员工体验与归属感构建，在 2019 年获得杰出雇主的殊荣。这是对企业人力资源管理的认可，同时也是对生物梅里埃雇主品牌的肯定。在"在中国，为中国，与中国共发展"理念的引导下，相信梅里埃家族与中国及中国员工友好合作的精彩篇章还将继续。

对于在生物梅里埃的职业发展，张群丽女士坦言："在生物梅里埃，工作的使命感对于一位管理者而言，不是你在公司任职期间为公司做出多大的贡献，而是当你离开公司的时候，你留给公司一个怎样的团队。这和公司的使命感是相辅相成的，精耕细作微生物领域，聚焦体外诊断，持续支持全世界健康卫生事业以应对日益复杂的健康挑战，对行业的发展更看重长期利益，而非短期利益。"或许就是这简短的几句话，道出了生物梅里埃基业长青的真谛。

▶ **关于生物梅里埃**

50 多年来，生物梅里埃一直是全球体外诊断领域的领导者，在全球拥有 43 家子公司和庞大的分销网络，业务遍及 160 多个国家。2018 年，全球营收达到 24.21 亿欧元，其中 90% 以上的销售收入来自法国以外地区。生物梅里埃提供诊断解决方案（仪器设备、诊断试剂和相关软件），用以判定疾病和污染来源，改善患者健康并确保消费者安全。旗下产品主要用于诊断传染性疾病，同时也可用于检测农产品、药物和化妆品中的微生物。

‹›cimpress | 云尚定

# Cimpress | YSD

雇主品牌
# 寄语

相信 YSD 云尚定这样一个年轻的
团队，能够在这场制造业改造升级
变革潮流中，抓住机遇，对未来制
造业的发展带来积极影响。

# Cimpress｜YSD
## 在智慧定制中发挥价值

**专访 Cimpress 大中华区暨 YSD 云尚定首席执行官柏林**

许多公司之所以成功与伟大，就在于以前瞻性的眼光抓住市场机遇，做好战略布局，然后坚持不懈地努力。全球大规模定制领先者 Cimpress 集团便是其一。

作为以技术为重点的科技集团公司，Cimpress 集团依靠电子商务思维，以 C2M 大规模定制为核心业务，颠覆了传统印刷行业，在创业三年之后，业务即呈现了惊人的高速增长，并迅速在全球布局，成为全球大规模定制和网络印刷领域的领先者。

Cimpress 集团非常注重技术的投入，时至今日，来自麻省理工学院、哈佛大学等高等学府的 2 000 多位技术研究人员打造的 C2M 大规模定制平台，拥有了 200 多项国际专利，强大的 IT 技术、生产和物流系统无缝对接，支持实现了多种无最低起订量要求的定制产品的高效大规模按需生产。

Cimpress 大中华区暨 YSD 云尚定首席执行官柏林女士坦言："我们正经历着一个不同寻常的时代，一个迫切需要大变革的时代，即在新旧商业更迭的趋势下，中国制造业探索如何实现智能制造。"

她举例说，经过电商改造的服装行业，已经具备按需生产的柔性化定制潜力。这是 Cimpress 集团在中国发展的机遇，集团也希望在这一轮变革中有所作为。

这也是柏林女士选择从法国到中国内地发展的原因。在法国有着投行和咨询公司经验的她，有着一颗从事实业的心，之后便加入 Cimpress 位于法国的战略部门，负责中国、印度、巴西等新兴市场的项目。当 Cimpress 想把中国分公司做成一个创业项目，利用集团科技的优势帮助中国实现传统行业升级时，柏林女士以前瞻性的战略眼光与一颗赤诚的爱国之心抓住此次机遇，选择了回国发展，担任 Cimpress 大中华区和 YSD 云尚定的首席执行官，开始了从零到一的创业征程。

## 在中国，为中国

很多外企在华分部都会受制于总部，多数是对总部商业模式的复制。但柏林女士从一开始便打算抛弃传统，以"在中国，为中国（In China For China）"的本土化策略与承诺，做一个真正适合中国的模式。

柏林女士介绍，作为一家有自主研发能力的技术科技类公司，Cimpress 集团先进的定制系统与流程，原来只是供公司自身使用，在中国市场，她的思路是汲取集团二十多年发展的技术沉淀，将遍布全球的 15 个自有大规模定制化生产基地的经营经验和发展历史提炼并总结为成熟全面的解决方案，并将其模块化后带到中国，为中国的传统制造业提供规模化定制及按需生产解决方案，实现智能化改造，帮助它们链接到客户端。

YSD 云尚定在中国入手的行业为服装行业，柏林女士解析，中国服装业的痛点最大，很多企业被高库存拖垮，为了缩减成本，有的企业不得不把产能向劳动力成本更低的国家转移。然而，症结还在于消费者习惯的改变，伴随着互联网电商的发展，消费者行为习惯从必需品消费、品质消费，转向个性化和体验化消费模式。如何连接生产和消费的关键环节，以顾客至上，

迎合定制服务这一趋势才是关键。

在服装行业，YSD 云尚定将规模化定制生产系统和流程上的集成经验模块化，为服装企业提供一套规模化定制及按需生产解决方案，帮助它们实施安装智能生产流程，实现柔性快反供应链。

柏林女士解释说："Cimpress 的核心优势是提供从前端定制平台到后端生产供应链的完整解决方案，各种解决方案模块以 API 形式，自由嵌入合作方既有的销售渠道平台、仓储物流系统和生产流程，甚至一些硬件和软件中。企业可根据需求，灵活选用所需模块，循序渐进地实现柔性化生产。"

改造后，通过 YSD 云尚定的 C2M（Customer-to-Manufacturer，用户直连制造）系统，客户可以从天猫、实体店等渠道下单，这些订单会跳过原来传统的经销商，直接传递到工厂，进入工厂的生产系统。在生产端，YSD 云尚定打通了各种工艺设备，包括数码印花直喷、刺绣、UV、激光、热转印和热升华等，实现从订单到设计、排产、生产、仓储和物流的智能化管理，同时满足定制和规模的要求，实现柔性制造，以此来提高工厂的效率和智能化水平，增强其竞争力。

"改造一个时代，或者创造一个时代，需要天时地利人和。面对需求，只有做好准备，才能面对未来高速的增长。"柏林女士直言不讳，"面对一种全新的商业模式，出现的问题首先是团队的搭建，刚开始很难一下子找到上手的人才，大家只有在相互磨合中才能最终达成共识，这中间必然有一个试错的过程。"

令她欣慰的是，历经几年的努力，她已经成功组建了 YSD

云尚定快速发展的核心团队。团队全部由中国本土员工组成，核心员工都有很好的跨国背景，且认同公司发展价值观，具有企业家敢于拼搏与创业的精神，完全符合她"在中国，为中国"的发展初心。

在人才选择上，柏林女士突出强调了志同道合、富有激情与创新力、才华与人品并举等品质，她不仅注重创新与能力，同时也十分看重个人修为是否和企业的人文情怀相契合，是否懂得在职场中相互尊重，在工作中是否具有很强的自主性与进取心。

## 赋能企业与员工

作为一家赋能企业，YSD 云尚定将工匠精神发挥得淋漓尽致。在上海最早创建的国家级经济技术开发区——漕河泾开发区，YSD 云尚定将 1000 多平方米的办公空间分成两部分，一部分是办公室，另外 300 多平方米是一个智能工厂样板车间实验室。为了方便测试和实验，这里汇集了各种生产设备，进行软硬件流程测试。

在这个样板工厂里，通过 C2M 系统，电商平台、门店等渠道的订单会自动汇集到工厂的接单平台，接着系统会根据物料库存进行排产。排产完成后，所有携带二维码的订单会经由生产人员扫描进入各个相应生产流程及工位。这套智能生产系统同时连接工厂产品管理软件，和仓储管理、物流管理及其他相关生产系统，实现各种生产数据的即时化与透明化。

令柏林女士深感欣慰的是，合作的服装定制客户用了 YSD 云尚定提供的系统服务后，可以实现定制化产品生产及按需生产，从根本上解决了一些产品的库存问题。C2M 模式所塑造的柔性化服装定制供应链，使得定制企业不再根据对流行趋势的判断和以往的历史销售数据来组织生产，而是以用户需求为导向实现按单生产。企业少了库存的压力，在销售旺季更有底气，更能适应新经济体系下客户以及市场的多变要求。

在发展上，YSD 云尚定不仅赋能客户，也同时为员工赋能。柏林女士表示："企业的快速坚实发展需要一批优秀的人才作支持，在创新与本土化上，YSD 云尚定通过人才创造了企业的核心竞争优势。"

作为一家创新型公司，在发展上难免会被复制，但在技术潮流上，YSD 云尚定的研发团队做到了布局长远，提前一二年去做一些研发。技术上的领先，不仅为企业创造了竞争优势，同时也有助于吸引与保留优秀人才。

此外，YSD 云尚定建立了一个长期的股权激励机制，鼓励员工把工作当成一项事业，目前已经覆盖所有的关键性人才，激励经营管理者与员工共同努力，成为市场的领导者。

然而，作为行业的领先者，全新的商业模式往往面临着人才短缺、招聘的人才不能立即上手等问题，面对企业的快速发展，在人才培养和发展方面，YSD 云尚定有自己的独到之处。

在人才招聘上，每一个岗位都有一个特质单，除了描述现有的能力外，更侧重于学习潜力的评估。应聘者只要百分之四十的能力可用，且具有很强的学习能力与进取精神，就会被给予机会。在人才培养上，公司给予人才广阔的职业发展学习机会，如在职的带教计划，以及到集团总部及全球专业领先国家如意大利等学习先进的技术与经验。在人才提拔上，YSD 云尚定更是不拘一格，为员工提供更好的职业发展通道，不分性别，不论资历与学历，而是根据实际的能力与绩效表现去评判。在员工管理上，YSD 云尚定崇尚尊重、自由、平等的人文环境，通过形式多样的团建活动，营造团队"和谐创新、团结协作、奋进拼搏"的精神。工作对于员工而言，意味着更多的分享、赋能，帮助他们在职场上获得成功。

柏林女士表示："有一个公平的职场竞争环境，公司才能走得长久。在短短的几年内，YSD 云尚定已经建立了自己的人才库，上升特别快的是三年前招来的，二至三年的时间，就可以从普通职员跃升为一名管理者，做到项目经理或部门负责人，这对于有才华的员工而言，非常有吸引力。"

在日常工作中，YSD 云尚定根据员工差异化的需求，给予员工足够的信任，实施了弹性化办公。如为部分工程师设置了10 点钟上班，给予妊娠反应较大的孕妇在家办公的待遇等。

在 90 后新生代员工管理上，YSD 云尚定尊重其与 70 后、80 后不太一样的观念，给予其充足的包容、自由、平等与发展空间。柏林女士介绍，公司没有按资排辈的阶层概念，员工之间一般直接称呼名字，她的办公室的门对所有的员工都是开放的，任何人都可以分享他的想法。除此之外，公司还专门设置了一些日常奖项，鼓励新生代员工畅所欲言、大胆创新。在职业发展上，公司实施带教计划，安排有经验的人言传身教，带领员工快速成长。

## 任重而道远

随着中国居民可支配收入的攀升和数字技术的加速迭代，C2M 反向定制受到越来越多零售企业的追捧。更多的中国品牌和工厂将目光聚焦到定制化和智能化生产制造，包括汽车和包装在内的很多行业开始从"规模经济"走向"定制经济"。

目前 YSD 云尚定凭借坚实的基础与努力，其一体化的按需生产及个性定制解决方案已经得到了诸多企业的认可。公司已与众多国际领先零售品牌、传统制造企业及国内电商平台、文娱 IP 开展战略合作，包括 Adidas、Diesel、G-STAR、爱奇艺、腾讯视频、盛大游戏等等；服务覆盖品牌官方网站、天猫、京东旗舰店、微信小程序，以及线下实体店、限时快闪活动等线上线下多渠道平台。

用柏林女士的话来说，个性化定制时代到来，企业生产

端和制造端变革的趋势不可逆转。从更广阔的市场远景来看，YSD 云尚定的事业才刚刚开始，任重而道远，未来或将从服装行业延伸至更广阔的领域。无限的发展前景意味着更广阔的职业空间，快速发展中的企业对于年轻人而言，无论是职场历练还是晋升发展，都意味着无限可能。

## ► 关于Cimpress|YSD

Cimpress 集团（NASDAQ：CMPR）于 1994 由 Robert K. 先生在法国巴黎创立，于 2005 年在美国纳斯达克上市，2018 年营业额超过 28 亿美元，在 25 个国家拥有超过 16 个品牌公司，目前每年为全球 130 多个国家服务，客户人数达到 2 000 万。Cimpress 集团以 C2M 大规模定制化生产及云端服务为核心技术，产品组合囊括印刷品、服装针织及包装印刷等。Cimpress 的核心优势在于其提供的是从前端定制平台到后端生产供应链的完整解决方案，各种解决方案模块以 API 形式可自由嵌入合作方既有销售渠道平台、仓储物流系统及生产流程。在过去的逾 25 年间，Cimpress 在软件开发和数字化生产技术上大力投入，并不断优化改善生产流程，历年技术累计投资超过 13 亿美元，至今拥有超过 200 多项科技专利。集团在北美及欧洲拥有研发中心，在北美、欧洲、澳大利亚、印度、日本、巴西及中国都建立了生产基地。在中国市场，我们把 Cimpress 集团

25 年以来在规模化定制生产系统和流程上的集成经验模块化，为传统服装制造业提供规模化定制及按需生产解决方案，帮助它们实施安装智能生产流程，实现柔性快反供应链，让工厂能够实现低成本高效能的按需生产以及定制化生产。

**wework**

# WeWork

雇主品牌

# 寄语

WeWork 不只是一个全球领先的办公空间，还是一个让人们能在其中开创生活、不止生存的创造者社区，希望每个人在这个社区里都能发现并找到更好的自己。

# WeWork
## 重塑工作方式、点亮创新活力

**专访 WeWork 大中华区人力资源副总裁杨莉莉**

随着共享经济风潮蔓延全球，一种新兴的办公理念开始走进我们的视线：WeWork 引领的新型灵活办公。凭借创新的设计、科技的应用与有温暖的社区，WeWork 开启了"从我到我们"的办公新时代，通过共享和社交，为不同背景的创造者，营造一个更开放、更适于互动的、能激发更多创意的社区交流平台。办公者在这里成为朋友，甚至是工作伙伴。

近几年，WeWork 以实际表现博得了市场青睐，实现持续稳步的发展。截至 2019 年第三季度，WeWork 已在全球建立了 625 个社区，覆盖 33 个国家共 127 个城市，在全球拥有 60.9

万名会籍横跨全球多个行业。WeWork 的会员类型多样，包括小型、中型及大型企业（员工人数超过 500 人），目前全球范围内，43% 的 WeWork 会员为大企业会员。38% 的《财富》全球 500 强公司是 WeWork 会员。IBM、微软、Facebook 等大企业选择加入 WeWork 全球网络。在大中华区，包括利丰集团、阿里妈妈（阿里巴巴集团旗下数字营销的大中台）等大企业也选择入驻 WeWork 社区。

为了揭开 WeWork 成长背后的秘密，特邀 WeWork 大中华区人力资源副总裁杨莉莉女士做此分享。采访那天，杨莉莉女士身着红色 T 恤、牛仔裤，和传统企业里资深的管理人士风格完全不同，第一印象便感觉到了 WeWork 从内而外散发出的雇主品牌特质——年轻、充满活力与创业者精神。

## WeWork 中国策：
## 持续发力，深化大中华区市场

杨莉莉介绍，WeWork 创始人在最初租用的办公空间内，因无法产生创作和工作激情而萌生了自己动手设计的想法，并于 2010 年在纽约创立了 WeWork 的第一家空间。

WeWork 重塑了传统的工作方式。在这一点上，WeWork 算是一家走在趋势前端的公司。当千禧一代开始以自己的能力在社会各阶层实现价值时，他们带有个性的标签就已经开始改变着原有的办公环境与工作方式了。在雇主品牌的塑造上，无论是人才招聘、提高团队稳定性，还是激发员工的创造力和生产力，所需要的不只是现磨咖啡，还有瑜伽；不只是硬件设施，还有艺术氛围。为了吸引新生代人才，无论是 500 强的大企业还是刚成立的初创公司，都在积极地通过新型灵活办公，给年轻人打造一个可以线上线下交流的互动型办公空间。

WeWork 通过别具一格的设计、活跃的社区氛围以及丰富的会员福利，为不同规模的公司重新定义员工的工作体验。正是这种在美好空间下创造创新工作生活的理念，打动了她这位在商场从业多年的职场精英，让她毫不犹豫地加入到 WeWork 团队中来。

时至今日，WeWork 已进入上海、北京、杭州、成都、深圳、香港、广州、武汉、苏州、西安、南京、台北。为进一步深耕大中华区市场，杨莉莉介绍，WeWork 开展了一系列"中国创造"相关的活动及举措，对于 WeWork 而言，创造的含义在不断升华，与创新一样，都是为了更美好的生活。

WeWork 的使命是激励每个人缔造有意义的事业，创造有意义的人生，而不仅仅为了生存。在中国，WeWork 寻求与本地业主进行合作，积极联合本土优秀合作伙伴，还与政府开展合作，推出了一系列助力中国创新创业可持续发展的活动和举措，例如：在 WeWork 威海路举办中国创造原创设计盛典，将中国本土时尚新势力推向全球；在中国宣布启动创新平台（WeWork Labs），在 WeWork 北京坊开启设计与科技体验日，展示来自中国的"黑科技"；深圳首个 WeWork 空间正式开业，WeWork 制

定湾区会员专属服务，开启促进粤港澳创新的新篇章，为大湾区发展注入能量。WeWork在创新领域的实践所覆盖的行业已经涵盖经贸、时尚、生活方式、科技、文化、女性权益等方面。

在办公空间的设计上，WeWork希望每个社区的风格是个性化的，以激发工作者的体验灵感与创造力。在选址上，每一座地标建筑都是经过综合考量的。本土艺术家、设计师和工程师团队充分发挥了他们的智慧，量身定制每一个工作空间。在尊重中国人的文化与习惯的基础上，他们独具匠心，摆脱定式束缚，深度思考设计，营造邻里文化的社交氛围，根据当地市场量身定制产品与服务。

　　他们会根据不同城市、不同区域、不同建筑、不同空间展现出独有的人文特点，给每家店形成不同设计主题，比如在上海的威海路旗舰店，壁画绘制的是民国年代穿着旗袍的上海贵妇；北京坊绘制的是宋朝的《千里江山图》壁画；武汉泛海创业中心 WeWork 社区，融入传统江汉楚地元素；WeWork 广州大马站商业中心社区从周边"学子习文"的越秀古书院群汲取养分，艺术品方面则以摩登笔触重新演绎广州茶楼文化。这不仅得益于对建筑本身的尊重与保护，更因 WeWork 打造的强大的本土设计团队对当地的细心洞察，使其得以从不同角度体现，并用光线和色彩赋予空间以艺术、赋予生活以灵感，每处细节都精心设计。细节处，办公区内的装饰摄影作品均来自当地的特色取景。

　　这一切的实现与开拓，归因于 WeWork 特别倚重中国本土人才。WeWork 空间的本土化人性设计，都是出自产品开发部门的建筑师和设计师之手：卡座和电话亭的尺寸刚好让人们舒服地坐在那里休息聊天；楼梯的几何曲线和吧台状的栏杆设计会让人们不自觉地停留在那里，增加交流对话的可能；中国人爱开大会，因此大型会议室的数量要增多……类似的巧思在 WeWork 分布在全国各个城市的空间店比比皆是。

　　WeWork 从 2016 年进入中国，三年多来，已经在中国打造了一支出色的团队，从而稳步进入更多的中国城市。中国区员工基本都来自中国本土，所需的人才涵盖办公环境设计、社区运营管理、技术支持等各部门岗位，认可并适应 WeWork 的企业文化、自驱力与执行力强、注重细节、了解市场、创新能力等是其选拔人才的标准。目前员工平均年龄为 30 岁，有年轻人特有的锐气与不守陈规，大公司里常见的层级感在这里几乎不存在。这里的积极意义完全是一种自我创造的成就感，员工有什么样的问题或者解决方案可以自由抒发，被充分授权，完全是员工的自驱力在发挥价值。如员工发现纸巾浪费的问题，从节约成本与环保的角度，主动提出改进方案并改良，无需像传统公司一样进行层层申报。

在 WeWork，这种顺应时代潮流的工作方式让员工与员工之间有更人性化的连接，激发了员工的创造动力。在企业文化的建设上，杨莉莉女士介绍，WeWork 正是从这三个维度传播价值理念并以此作为发展基石：第一，年轻力量占主导并充分发挥优势；第二，未来工作生活不再是一个独立的个体而是以"我们 We"为核心；第三，让每个人都能在工作付出后获得奋斗满足感。

## 社区营造：
## 做热爱的事，让每个 ME 都融入 WE

WeWork 从一开始创办的时候，便致力于创造一个让人们为所热爱的工作而努力的世界。它不仅仅是一个美丽舒适的办公空间，而且是一个可以让"我 Me"融入"我们 We"的社区。

无论是促进协作、向会员提供支持，还是支持人们在拥有共同兴趣爱好的人群中创建社区，人与人的连接是 WeWork 做任何事的核心。

作为 WeWork 的员工，WeWork 的空间使用者，杨莉莉女士切身感受着这种新型灵活办公所带来的工作方式的改变。这里的一切信息都是可以共享的，WeWork 的会员与员工甚至不分彼此，他们也可以一起参加 WeWork 的社区活动，听他们的演讲介绍，一切都是公开透明的。公司的管理层信息及财务报表全

体员工都可以第一时间看到，及时了解公司的发展战略与方向。

杨莉莉女士说："WeWork 对年轻人才特别有吸引力的原因不仅因为它有一个很酷的品牌，还因为它给员工提供了站在全球平台上工作、提升视野的机会。"

WeWork 的每一个地区营运业务都是具备自主决策性但同时

会保持某种联系的。中国区的团队也和国外市场的同事之间保持人才合作和交流学习，大概每两周就和欧洲、美国的同事开会，聚集在一起分享经验。相互协作、互利共赢正在成为未来工作方式的主流。面对竞争日益激烈的中国市场，WeWork 从一开始就强调自己的优势在于其对"社区营造"的重视以及全球通达的沟通网络，建立了人与人之间的连接，赋能员工与会员，激发了协作创新。

WeWork 所有线上线下的努力，都是在将生活融入工作，帮助人们实现面对面的互动和交流，最重要的还是根据人们的兴趣、爱好将大家聚在一起。不只线上的讨论社区可以帮助人们实现线下交流，空间的设计也是一个重要的渠道。比如在走廊和活动区域，设计师有意将宽度缩短至 1 米，如果两个人迎面相对时，需微微侧身通过。但没关系，说声"你好"，便能交个朋友。WeWork 成立之时，就明确了宠物是可以带的，在年轻人或者千禧一代的心中，宠物已经成了他们的家人，可以说是生活中不可缺少的一部分，这也是注重人性化的具体体现。

当然还有很多的线下社区活动在拉近着人们彼此的距离。比如每周三组织的健身社区活动，不同主题类型的座谈会、演讲或展览等。这些频繁的线下社区活动，不仅能为一些中小办公团队提升工作外的乐趣，也能成为找到志同道合的合作伙伴的捷径。而这种线下的社区活动，已经让超过 70% 的会员展开了合作，其中 50% 的会员有了生意上的往来。特别是利用其全球范围内的办公场所，一些跨国公司和中小企业，能更加灵活地选择办公地点并扩大拓展业务的机会。

为建设一个有良性互动的社区，除了在物理空间设计上构建一个放松的、促进沟通的环境，WeWork 的社区经理（Community Manager）与社区团队会去调动气氛，去组织丰富多彩的社区活动，每个社区每周至少有 2—3 次社区活动促进会员的线下交流。社区团队也在这个过程中被充分赋能、授权。

从对外合作的角度，WeWork 也在不断积极推进。从芝麻信用合作，携手本土企业裸心社，为更多中国会员打造活力社区，到在中国宣布启动首个创新平台（WeWork Labs）项目；从 WeWork 威海路的中国原创设计盛典，到 WeWork 北京坊的科技体验日，再到 WeWork 杭州延安路的城市创想对话，WeWork 敞开社区大门，让更多中国创造者走进 WeWork 的社区，体验 WeWork 独特的文化。

杨莉莉女士介绍："WeWork 所传达的使命感和企业愿景是将知识、文化、经验等进行更高更远维度的分享和传播，未来仅仅发展个人的力量远远不够，真正的'我们 We'在一起才能释放更强大的力量。"

无论是 WeWork 内部的员工还是会员，都非常认可 WeWork 的价值观与文化。如杨莉莉女士所言，企业文化是一种正能量，只有正能量才能赋予人无限的可能。文化的认同不仅能促进社会发展，更是激发创新的动力。不论哪种类型的企业在建立企业文化时都要明确自己公司的使命，重视员工的认同感，优化企业领导力，才能提高工作效能，提高员工幸福指数。从每周一的团队例会（TGIM，Thanks God It's Monday），每季度的全球员工大会，WeWork 通过每一个文化活动来激励 WeWork 员工始终怀揣着创业者精神，齐心协力，共同创造 WeWork 的成功。WeWork 在企业文化中倡导四大精神动力：1. 做钟爱的事 Do what you love；2. 天生无畏，敢于冒险；3. 关心员工的工作，更关心员工的生活；4. 凝聚团队，勇往直前。

与此同时，WeWork 也在用自己的平台与力量赋能更多的会员。2017 年，WeWork 在纽约举办了首次创造者大赛，横跨华盛顿、底特律、奥斯汀、伦敦、柏林、特拉维夫和纽约七座城市，参赛者超过 6000 位，其中还有 190 多位当地的合作伙伴。比赛结束，WeWork 共计颁发了 1480 万美元奖金，创造了超过 150 个就业机会。

首次大赛的成功让 WeWork 在 2018 年对这项大赛进行了再次推广。2018 年，WeWork 创造者大赛在全球九个主要城市分别展开地区选拔，其中出于对中国市场的重视，此次创造者大赛中国区域成为 WeWork 布局整个亚洲企业市场的第一步。WeWork 创造者大赛覆盖领域十分广泛，无论是刚刚成立的企业，还是创业公司，抑或是非营利性机构都可以参与，甚至具有创新思维的"老"企业也可以参加。本次大赛针对来自不同行业和领域的申请者设立了四类大奖，分别是新兴事业奖、表演艺术者奖、非营利性机构奖和社会回馈奖，奖金总计超过 600 万元。

WeWork 是一个国际化的平台，此次创造者大赛在华启动也得到了来自中国多个领域的支持，其中包括中关村创业大街、清华经管创业者加速器、中国加速、上海纽约大学等。以中国赛区为跳板，WeWork 可以在整个亚洲地区进行拓展，同时，创造者大赛在华启动也促进了中国企业创新的热潮。

## 科技创新：
## 互联时代，黑科技无处不在

2018 年 8 月，在北京文化新地标北京坊 WeWork 举办了"探索 We 来 - 设计与科技体验日"，展示了 WeWork 创造人性化社区背后的"黑科技"。从 B1 层一直漫步到 3 层，在粉红色霓虹灯的照射下，参考宋朝的《千里江山图》绘制出的具有现代元素的山水壁画，让人们回味 20 年中国科技发展历程。

科技改变了人们的生活，也改变着工作方式。WeWork 利用黑科技给人们在办公空间上带来了更多的便利和改善，细节无处不在。自动升降桌，通过人体存在传感器感应人的存在，并调到最舒适高度。扫描桌上的二维码进入小程序中输入个人信息，下次在不同地方使用桌子时，便能自动为其调节到最佳位置。

VR（虚拟现实技术）这一科技也是北京坊 WeWork 的重点之一。在 VR 展示厅里，分别有科技设备的租赁机以及 VR 体验区。在这里还能通过 VR 眼镜感受不同地点办公空间的环境。如果想拍一部宣传片，这里有自助租赁机，通过支付宝可以免押金按天租用这些科技设备，如大疆无人机或摄影机，并且这些租赁设备上都贴着"中国创造"标签。

小狗 Puppy 作为 2018 年刚推出的首款人工智能机器人，也被应用其中，不仅可以作为短距离的投影仪，还可以成为一个办公软件进行会议纪要。啤酒机 Sestra 在公共区域，可以提供啤酒自助服务，只需按下按钮，一杯少沫的爽口啤酒便自动完成了。无论是黑啤或白啤，都可以满足口味的挑选。当桶内的啤酒量达到一定比例时，系统会将信息发送给运营团队及时添加补充。此外，团队还可通过这个系统的数据，监控每一区域

啤酒种类使用的情况。

　　除此之外，WeWork 在自己的内部员工管理上，也充分发挥科技在提高工作效率方面的功能。WeWork 使用的建筑信息建模（Building Information Modeling，简称 BIM）将空间设计流程中的损耗降至最低点，大大提升了包括空间产品部门在内的WeWork 团队的整体工作效率。具体来说，BIM 指的是在设计

之初在场所进行激光扫描，构建虚拟三维模型，空间开发流程中的各个相关方——从建筑师、室内设计师到运营团队和社区管理团队，都在这一个模型系统中工作，实现工作流程意义上的"新型灵活办公"。

在 BIM 系统下，一个圆圈除了指代一张桌子以外，还包括了这张桌子的所有相关信息（比如桌子的品牌、价格以及会员的使用情况），方便各个环节的工作人员随时查询协商。因为激光扫描从一开始就保证了空间测绘的精确度，建筑设计人员就能精准地计算地板、桌面、玻璃门所需材料的面积和形状，最大限度减少浪费。在计算机把设计师们从冗杂事务中解放出来、由会员反馈汇总而成的大数据描绘出用户习惯特征后，他们就可以花更多精力在挑选优质的材料、研究空间使用设计上了。

在社区的管理上，正是科学技术的应用，让人不可思议的是每个社区只有三个人在管理，三人统揽活动、财务、行政、客户管理等，强大系统的背后必然有高科技的力量作支撑，从而驱动大数据的应用和物联网。更令人兴奋的是，最新的 5G 应用也开始惠及 WeWork 社区，WeWork 前不久刚与北京电子城集团携手共同推进 5G 时代的创新，见证了国内首个 5G 三网室内外信号覆盖科技园区落地北京电子城，WeWork 的会员可以作为第一批企业享受国家级项目的领先优势。

在绩效管理上，区别于传统公司颁奖的方式，全球通过自己研发的 Judo、中国区通过微信，随时随地表扬身边对他有帮助的人，随时分享故事，一个月做一次统计，统计公司内部有多少个行业榜样，通过社交工具鼓励大家相互感恩。

对此，杨莉莉补充说："科技作为一种辅助手段，将提高会员体验与效率。但在人与人的交流和社区化的空间上，在营造温暖社区环境上，还是要通过人与人的互动去增强，这是科技很难取代的。这种理念也正是 WeWork 想要打造的。科技日新月异，而想达成人工智能与人类智慧的完美结合，还有一段很长的路要走。但不管怎样，利用科技改善人们的办公空间和生活方式，势必会成为未来工作方式的趋势。"

## 社会责任：
## 从小事做起，积极践行公益活动

随着企业进一步成长壮大，WeWork 承担起越来越多的社会责任。一方面 WeWork 在以更丰富完善的活动实现社区的全方位成长：WeWork 创造者大赛在四大洲九个城市向 19 家公司和 22 个非营利性机构提供资金，并且帮助美国退伍军人进行创业，为难民提供合适的工作机会。

同时，WeWork 员工已在全世界支持超过 1 690 个具有影响力的组织，协助教授女孩如何编程、指导来自贫困家庭背景的年轻人并向老人提供餐食和捐赠爱心衣物。2019 年初在中国，入选 WeWork 创造者大赛全球总决赛的两位中国赛区优胜者——北京萌动智能孕期助手和社会公益慈善机构安琪之家进入洛杉矶总决赛，安琪之家更是一举夺得非营利组织类别的全球总冠军，不仅展示了来自中国创造者的闪亮智慧，更将 WeWork 全球社区网络的温暖再带回中国，帮助更多脑瘫儿童。

## 任重道远：放眼在未来

WeWork 将物理空间与创新设计、先进科技和社区运营管理完美结合，通过空间上人与人之间、企业与企业之间、企业与人之间的连接沟通，营造了一种未来理想的办公方式，快乐、激情、凝聚、青春与活力充斥其中，改变着人们对工作方式的理解。

谈起过去取得的成绩，杨莉莉女士自信满满："过去不管取得多大的成绩，只能代表过去。我们真正的骄傲是在更大的未来，一切才刚刚开始。"

▶ **关于WeWork**

WeWork 为全球会员提供空间、社区、软硬件设施及服务。WeWork 的使命是为让大家在此创造生活，而不仅是生存。截至 2019 年第三季度，WeWork 已建立了 625 个社区，覆盖 33 个国家共 127 个城市。我们 60.9 万名会籍横跨全球多个行业，世界五百强企业中有 38% 选择 WeWork。WeWork 助力全球会员轻松工作，成就更多。

**Club Med**ௐ

# Club Med

雇主品牌

# 寄语

每一位员工、每一个雇主品牌都是
独特的，希望每个人都能找到真正
的自己，找到合适自己的工作生活
方式。

# Club Med
## 找到真正的自己

**专访 Club Med 亚太区招聘及雇主品牌负责人江淼**

66 世界那么大，我想去看看。"寥寥几个字撩拨了万千年轻人的
　　心。然而，却有一家公司能够满足诸多青年人的工作与生活
愿望——在那里，进行日常工作的同时……还可以环游世界，获
得丰富多彩的工作与生活体验，让工作成为一种乐趣和一种享受。

　　这就是来自法国的 Club Med——地中海度假村。这家公司
成立于 1950 年，是全球领先的休闲度假村连锁集团，在全世
界 30 多个国家拥有近 70 座度假村。今天我们特此专访了 Club
Med 亚太区招聘及雇主品牌负责人江淼，了解 Club Med 多彩背
后的推动力量。

## G.O 文化：玩在一起

Club Med 亚太区招聘及雇主品牌负责人江淼先生介绍："Club Med 是法文 Club Méditerranée 的缩写，'简单、快乐、阳光'是公司一直提倡的度假理念。ClubMed 所钟情的员工，是能够和客户'玩在一起'。"

对此，他给出了进一步的解释，Club Med 度假村通常坐落于地理位置绝佳之地，除食宿外，还提供其他休闲设施或娱乐活动：运动活动、康体中心、大型表演等，其中最大的特色就是互动。Club Med 的员工分为 G.Os（Gentils Organisateurs）和 G.Es（Gentils Employés）：G.O 是 Club Med 核心精神的代言人，G.E 则是服务质量的保障者。他们在相同的团队，扮演不同的角色，无论是 G.O 还是 G.E，都是度假村非常重要的组成部分。

Club Med 人文的最大亮点正是 G.O 文化。G.O，英文全称为 Gentle Organizer，法语意思为亲切的东道主或和善的组织者。他们是一群来自全球各地、精通多国语言并且充满无限活力的年轻人。G.O 文化作为 Club Med 人文的核心，自始至终贯穿于提供贴心温情的服务——从客人进门的第一刻开始，到最后一刻离开，都能感受到 G.O 的热情。

"只有热爱这里的工作，才会提供真正真诚且高水准的服务。这也是 Club Med 组织文化独特的地方。在 Club Med，所有的人都是这里的主人、绝对的主角，无论是大 Boss、G.O 还是游客，都可以打成一片，友善互动。没有阶层之间的鸿沟，只有平等、尊重、彼此的友善和分享快乐的精神。"江淼先生强调说。

与传统酒店服务人员不同的是，G.O 在 Club Med 充当着组织者的角色，他们住在度假村里，把度假村当作自己的家，有着强烈的主人翁意识，像主人一样招待客人。值得一提的是，员工在企业中所受的尊重程度是极高的，在客人面前没有任何低人一等或被不平等对待的感觉。在 Club Med 旗下所有的度假村中，员工和客人几乎是同吃同住的，员工和客人在一起用餐，住宿条件在舒适度和配置设施上也几乎可与度假村客房相提并论。员工和客人可以边吃边聊，客人对他们来说像朋友一样，在这种轻松互动的氛围中，客人也很容易把他们当作朋友。

江淼先生补充说，这种互动效果显而易见——由于客人与 G.O 建立了很好的友谊，他们时常会跟随 G.O 的工作调动选择下一个度假地点。

## 全球流动：体验更多可能

Club Med 旗下的每个度假村都配备有超过 15 个国籍的国际化团队，不同文化背景的 G.O 为客人随时提供专业贴心的服务，满足客人对不同语言的需求。除此之外，G.O 团队还多才多艺，为客人编排精彩的表演及组织各种不间断的休闲娱乐活动。

对于员工而言，与来自全球各地、精通多国语言的 G.O 团队一起工作，本身就是一种开阔国际化视野的良好机会；除此之外，Club Med 的员工还可以通过海外轮岗，不定期在世界各地的度假村驻扎工作，停留半年到一年时间，接触新的环境，体会不同地域的风土人情。表现突出的员工，将会进入企业的关键员工培养计划（Key G.O 项目）中，接受内外培训师的培训，体验更多具有挑战性的全球化的项目。结合全球化的工作环境及富有前景的职业发展道路对于年轻人来说，这无疑是一份非常理想的工作。

"Club Med 的价值观包含文化多元化（Multi-culture）、开拓（Pioneer）、友好（Kindness）、自由（Freedom）和责任（Responsibility）。每个度假村由不同国籍的 G.O 构成，因而构成了一个多元化的小世界。在 Club Med 我们不是简单地提供工作，而是提供让员工完完全全做自己的机会。Freedom 不是简单意义上的自由，而是给予员工足够大的空间，去做职业选择。"江淼先生意味深长地阐述道。

"我们招人时，除了要求候选人具有专业的背景知识、较好的语言沟通能力、强大的责任心等基本的能力与素质外，还会问他们'是否具有一技之长'。员工本身的个性很重要，因为我们希望他们带给客人快乐与不一样的东西。"江淼先生解释说，"我们喜欢年轻人，我们招的员工都是达人，具有各种技能特长，如攀岩、射箭、帆船等，不仅自己很会玩，还能运用这些技能带领客人一起玩。"

工作的一部分就是玩，这种工作性质本身就很能吸引很多爱玩会玩的年轻人。就是这种要求，使 Club Med 旗下的每个度假村就像一个卧虎藏龙的微型社会。每个人看似普通，但就像武侠江湖里深藏不露的扫地僧，都是身怀绝技的达人。

如 2017 年大学毕业后加入 Club Med，集诸多才艺于一身的 Lee，不仅是川剧变脸的第六代传人，而且在大学期间曾连续两年获得上海斯诺克比赛冠军，后被招进了上海台协，目前的副业是职业斯诺克裁判……除此之外，他还精通滑雪、吉他、魔

术、悠悠球等项目，第一季他就以优秀的表现成为了北大壶度假村的最佳 G.O，第二季换到法国 Vittel 度假村，入选关键员工培养计划（Key G.O 项目）。现在的他，依然积极勇敢地在 Club Med 寻找人生更多的可能性。

江淼先生补充说："员工在这里，职业发展也不受限制，如果对其他的工作内容感兴趣，在征得两个部门主管同意后，就可以转职到感兴趣的岗位，公司鼓励员工体验不同的工作内容、学习不同的东西。同时，公司的文化也是十分包容和开放的，如果员工之间产生感情、步入恋情，也会安排情侣宿舍，在工作调动上，尽可能将两人安排在一个地方，帮助他们平衡工作与生活。"

## Club Med 定制班：不放弃任何有追求的年轻人

在雇主品牌建设上，Club Med 取得了卓有成效的成绩。为了让更多的候选人了解 Club Med 的企业文化与工作氛围，公司在微信平台上专设了一个招聘账号（clubmed 招聘），分享员工的真实体会和趣事。

"每种工作都代表着一种独特的生活方式，把工作轨迹展示给大家，让候选人选择自己想要做什么。"江淼先生表示，"针对当前的人才需求，经常遇到一些候选人或者旅客会说要是早几年认识 Club Med 就好了。其实什么时候来 Club Med 都不晚，最重要的是追随内心，敢于做自己想要的选择，并感觉快乐。"

针对未来的人才需求，以及难以在市场上找到契合需求的人才问题，Club Med 通过深入高效的校企合作方式，加强自身人才的培养。通过开设 Club Med 定制班，为年轻一代创造学习、实践和追梦的平台。目前在亚太区，Club Med 与上海旅游专科学校、中国台湾屏东科技大学、广州大学、黑龙江大学等 30 多所学校建立了合作。

公司会派员工对所有学员进行专门的课程培训——帮助学员们更加了解 Club Med 的工作和文化的同时，促进他们融入和适应的过程。培训结束后，学员进入度假村进行为期 6 至 9 个月的体验，最终确定部门和岗位。实习结束后，学员可以选择留下来或去其他企业。在新生代员工的培养上，公司实行了一对一的带教计划，让他们在充分展示个性的同时，有所感悟、有所成长。

江淼先生介绍，Club Med 非常欢迎年轻人的加入，为了增强雇主品牌的吸引力，还设立了 Club Med 校园日，通过模拟度假村、游戏互动等环节，让老师和学生体验到公司的企业文化。

江淼先生表示："并不是每一个人都适合 Club Med 的工作，但在这个活动中可以通过大胆的尝试和体验，去找到真正的自己、真正适合自己的工作。因为很多年轻人在开始找工作的时候并没有一个明确的方向，不知道什么才是真正适合自己的，通过尝试，可以有一个选择和排除的机会，最终找到自己真正想要的东西。"

随后，江淼先生分享了两位应届生成长的案例。其中一位学生在校时英语成绩有点差，毕业时也没有被老师推荐，但他了解到 Club Med 的工作之后非常向往，直接找到了 Club Med 负责招聘的人员，并对在短期内提升英语水平信心满满。被录用的三个月后，在公司与学校关于学生成长记录的视频汇报会议中，他竟然做到全程流利地用英文进行表达，使得公司的领导和老师都感到非常诧异。后来，这位学生连人生轨迹都发生了变化——他发掘了自己语言学习上的潜力，考了雅思，并去英国攻读了研究生。

另一位实习生来自体校，文化课比较薄弱。但通过在 Club Med 的实习，接触到不一样的人，实习后他提升很大，考取了很多国际健身教练相关的证书，使他自身具有了很强的职业竞争力，因为根据国内目前的现状，能够接待外宾的国际健身教练十分稀缺。

类似的故事不胜枚举。江淼先生表示："我们看重的并非仅是学生的学校背景和在校成绩，而是对 GO 这份职业的激情，Club Med 也愿意为这些年轻人提供一个成长的机会。我们不放弃任何一个有追求、有潜力的年轻人。"也正是这种执念，Club Med 为行业挖掘并培养了一批优秀的人才。

对于 Club Med 未来的发展，正如江淼先生分析的那样，复星集团的注资、中国二孩政策的开放，对于以亲子度假著称的 Club Med 而言，意味着更广阔的市场发展空间。正所谓"只有自己快乐，才能让别人快乐"。Club Med 的快乐与阳光是其雇主品牌由内而外散发出的光芒，帮助员工挖掘更多潜力，体验更多，找到真正的自己，同时将这种快乐带给更多的人。

## ▶ 关于ClubMed

Club Med 由 Gerard Blitz 于 1950 年创立，提供了"精致一价全包"的全新度假理念，并于 1967 年创立了儿童俱乐部，为孩子们提供了丰富的活动。Club Med 以其开拓性精神为主导去发掘奇幻目的地。如今，Club Med 已经成为全球"精致一价全包"的领导品牌，通过法式元素的融入，为家庭、情侣及山地运动爱好者打造难忘的度假体验。

Club Med 在全球范围内有着近 70 座度假村，其中 85% 是"精致一价全包"及"Exclusive Collection 空间"的度假胜地。Club Med 遍布全球约 30 个国家，拥有着来自 110 个不同国籍的 23 000 多名亲善组织者（G.Os）和亲善员工（G.Es）。

雇主品牌
# 寄语

用有温度的雇主品牌支持更多的组
织与人才实现其真正的潜力，通过
工作使他们的生活变得更有意义。

# 任仕达
## 让工作更有意义

**专访任仕达首席人才官乔斯·舒特**

作为一家价值观驱动型组织，任仕达凭借坚实的努力，长期位居"全球最有价值的商业服务品牌50强"及《财富》世界500强。

提起这个话题，任仕达首席人才官乔斯·舒特先生表示，回到1960年，这一切看起来好像是一个传说。

在荷兰阿姆斯特丹市郊的阿姆斯特尔芬，弗里茨·戈登斯迈迪恩（Frits Goldschmeding）当时还是学习经济学的一名学生，他建议私营机构在欧洲劳动力市场的供需之间担当媒介作用。这一前沿的想法受到很大挑战。但弗里茨以前瞻性的眼光

　　毅然开启了这个事业，而首份订单的候选人正是坐在他自行车的后座上去完成的，这也是任仕达的品牌标志看起来像是一对自行车车把的缘由。

　　弗里茨先生创立任仕达时就满怀激情，努力使其成为最好。在半个多世纪里，任仕达孜孜进取的脚步从未停止，不断开启新的旅程，在荷兰、比利时、德国、西班牙、加拿大、新加坡、中国等全球更多的国家和地区开疆辟土。时至今日，任仕达已成为全球卓越的人力资源服务品牌。

　　雇主品牌作为企业品牌的一部分，无疑支持了任仕达的持续增长，本文特邀任仕达首席人才官乔斯·舒特先生为我们诠释任仕达持续增长背后的动力与力量。

## 价值驱动：沿用至今 从未改变

乔斯先生介绍，任仕达从一开始就非常注重价值观对组织发展的驱动。1977 年任仕达就建立了"了解，服务，信任（to know, to serve, to trust）"的核心价值观，并沿用至今，从未改变。它的存在，已经超越了一种使命。

基于这种核心价值观，2003 年任仕达提出了"good to know you"，这并非只是一句口号，而是每一个任仕达人的行为准则——时刻关注客户的商业远景和公司需求，充分了解求职者的职业理想和期望，通过了解越多，为"最佳匹配"注入更多的细致服务。

之后经过 14 年的积累与升级，任仕达与时俱进，在数字化时代引入新的品牌定位与承诺——"以人为先，任行未来（Human Forward）"，同时也发布了新的视觉形象，将自己定位为以技术为驱动的值得信赖的人力资源战略合作伙伴，支持企业和人才实现真正潜能。

任仕达将企业的价值观与人才甄选及培养相结合。在企业核心价值观的基础上延伸出任仕达的员工核心价值主张（Employee Value Proposition，EVP），即不仅仅是为了填补岗位空缺，而是帮助雇员实现个人价值与潜力（At Randstad, we do not hire people to fill a vacancy, but we hire people for a career.）。乔斯先生强调，建立卓越的雇主品牌，首先需要了解员工的职业期望与价值主张，在整个人力循环中，任仕达从招聘一开始就通过吸纳与公司价值观和信念相匹配，能够快速适应变化的员工。经验证明，实习生是一个重要且宝贵的人才来源。2018年，任仕达在全球吸纳了近 4 000 名具备共同价值主张的实习生，帮助他们拓展潜力，施展抱负。

从人才甄选到员工的职业发展，再到企业的服务，价值观贯穿每一个环节，使企业的经营进入了良性循环。乔斯先生进一步阐述说："'以人为先，任行未来'的本质和精髓是将对人的热情与当今智能科技结合起来，通过技术提高工作效率，通过创新赋予人们力量，赋予人们转变思路和改变工作模式的能力，从而使顾问专注于核心职能，使服务更加人性化，在为客户增加价值的同时，为候选人带来更好的服务体验。"这一理念行之有效，任仕达中国在人性化的服务体验上，通过实现更多的办公技术自动化，将员工从繁琐的工作解脱出来，投入更多时间增强与客户互动，定期交流市场趋势，分享人才及行业见解，客户互动率提高 85%，满意度达到了 80% 以上。

## 持续创新：拥抱前沿科技

科技的日新月异，使人们日常的生活、工作和相互联系的方式迅速发生变化，这也对人力资源行业产生了影响。这些年，任仕达已经意识到这一点，并开启了从传统人力资源服务公司向数字化人力资源解决方案方向的转型。

任仕达的组织架构也进行了相应调整，2016 年新成立了一个部门组织——数字工厂（digital factory），该部门由不同文化背景、具有交叉功能的成员组成，帮助任仕达及更多的企业解决人力资源领域中的科技问题，挖掘更多的可能性和发展性。

用乔斯先生的话说，"数字工厂充满了丰富的想象空间，就像一个绚丽多彩的万花筒，可以用'梦工厂'的感觉去体会与理解这个在数字时代成立的部门，它的职能是基于用户体验、产品化和场景化的逻辑，让科技与服务之间进行交互，实现技术与人之间的最佳平衡。对于内部员工，它的价值也是一样"。

任仕达整合人力资源技术，如大数据分析与云平台等，最大限度地提高技术能力，创新交付模式，让员工腾出更多的时间与团队、客户及候选人互动沟通。为了促进和规范数字工具平台的本地实现，数字工厂创建了"蓝皮书"。这些蓝皮书基于精益管理和持续改进原则，指导运营公司以最有效且标准化的方式采用这些工具，提高服务执行的一致性和质量。

在其他职能领域，通过公共云，任仕达实现了全球数据与网络的集中化管理。此外，任仕达还制定了一项全球化的主数据战略和数据连接战略。这些战略正在改变任仕达员工的工作方式，充分发挥诸如财务、人力资源、法务、市场、通信与信息技术、商业拓展等职能部门的协作效应。例如本地实施的E-HR管理系统，让全体雇员依托企业微信平台处理部分公务，如在线申请假期、查询工资记录及档案管理、集体通信、办理入离职手续等，使人力资源操作流程实现了标准化、自动化、高效化，减少了繁琐的手工录入与人工操作，不但提高了数据的分享与整合能力，还有效地改善了日常运营效率。

## 加大培训：缔造成长型组织

乔斯先生提到，人力资源职能部门为支持业务的数字化转型，在使员工转变思维与工作方式方面，已经做了充足的准备，加大培训，确保员工的技能跟上时代发展的步伐。

在员工培训与发展项目中，任仕达提供不同形式的培训，包括在线方式与游戏化的模式。项目通常基于胜任力，聚焦于领导力、销售、职位相关的或软性技能方面的内容，涵盖组织内各个层级所需的培训。对于一线基础类的岗位，培训项目主要聚焦于职位所需的实际操作技能与专业知识的内容。除此之外，在线培训平台还提供覆盖各个领域的世界一流的课程。

兼顾发展需求，任仕达提供本土、区域与全球化层面的培训项目。本土化，主要是由本地运营公司主导，根据员工实际发展需求情况进行开发设计。区域化与全球化层面，弗里茨·戈登斯迈迪恩学院（Frits Goldschmeding Academy）提供顶级的领导力培训，任仕达的执行高管层与高级领导者密切参与这些项目的开发与交付。这些培训是与全球领先的商学院与合作伙伴一起开发的，如伦敦商学院（London Business School）、荷兰TIAS 商学院、欧洲工商管理学院（INSEAD）、瑞士洛桑国际管理学院（IMD）、新加坡管理大学（SMU）与 Stand&Deliver 集团。2018 年，弗里茨·戈登斯迈迪恩学院通过 34 个不同的发展项目，培训了全球近 600 位高级领导者。

为了更好地支持公司的战略转型，弗里茨·戈登斯迈迪恩学院日益聚焦战略转型领域的领导力培训项目。通过明确设计目标及跨项目的联合方案，致力于获得最高的投资回报，使任仕达覆盖的所有国家的领导者都能够参与该培训项目。

作为一家遍布全球的国际化公司，任仕达要求本土化的领导者能够在全球化的环境中高效运营管理。任仕达为其提供充裕的机会深度拓展他们的领导力，获得全球化的思维，有效地管理和利用文化差异。为了让员工适宜于国际化的工作环境，跨文化管理课程（Intercultural Management Program）为其提供专门培训。乔斯先生无疑是任仕达高管成长的一个典范，在担任首席人才官之前，他曾在英国、澳大利亚工作与生活，并担任过多种职位。

任仕达 World League Programs 致力于职能部门（财务、法

务、人力资源、市场及通信与信息技术）的培训，聚焦于每个
职能专业技能、知识与行为准则方面的培训，促使其沿着组织
的战略方向发展。体验式的在岗培训是最佳有效培训的策略，
任仕达最大化这种培训方式，给予员工弹性的任务，同时给予
不同程度的充足培训与指导。拓展项目（Stretching assignments）
包括不同业务领域的短期项目，鼓励员工脱离舒适区，主动获
得成长与发展。除此之外，还通过 360 度反馈持续检测组织的
工作氛围、领导风格和胜任力。

　　任仕达中国在员工培训与职业发展方面持续加大投入。在
技术方面，新员工入职培训以线上与线下相结合的方式，实现
了 APP 同步支持 180 天新员工在线培训，鼓励新成员充分利用
碎片化时间进行六大方阵进阶式学习，螺旋式提高培训体验及

职业技能。除常规培训外，针对高绩效员工启动全球游学计划，2019 年，当地就有近 40 位高绩效达人在该年度接收到了来自总部的盛情邀请，前往荷兰进行为期一周的游学，深入总部体验企业文化与价值观，同时前往荷兰第二大城市鹿特丹与欧洲四大高科技聚居地之一的埃因霍温等地访问，开拓国际视野，体验一切皆有可能的荷兰精神。另外，任仕达中国推行了赋能师计划，通过培养业绩优秀或具备多彩技能的员工成为内部培训师，不但给员工提供了一个充分发挥潜力，展现才华的舞台，还鼓励了公司内部的知识分享和交流，从而打造学习型的组织。

任仕达以更大的包容性，将对职场的关注与发展扩充至更大的范围。任仕达中国 HR 赋能学院致力于专业培训资源的全面整合，通过培训、沙龙、咨询等方式，以"数字化发展的趋势研究、数字化转型与组织设计、数字化思维与领导力、数字化转型与雇主品牌、数字化转型与人才激励"为数字化 HR 的五大主题，为客户及人才提供一个知识分享的平台，赋能企业及人才可持续发展，从优秀走向卓越。

## 参与式管理：激活组织创新力

除了舒适的办公环境与工作氛围的营造外，为了提高员工的归属感，"参与式管理"是任仕达发展的驱动力之一。任仕达 2018 年推出了全球在线 Randstad In Touch 平台，取代了之前每年都会开展的全球性员工满意度调查（Great People Survey），新平台包括一份与参与度相关的问卷，每年至少四次，结果显示在实时仪表板中。个别国家还可以添加与当地情况相关的开放式问题，员工可以匿名与同事分享意见或进行对话。

除此之外，在参与式管理上，集团总部打破组织层级、地域的限制，不断创新。任仕达全球 CEO Jacques van den Broek 通过 Tuesday Talk 在线研讨会的方式，定期开通与全球员工的"零距离对话"，鼓励全球员工就公司经营、未来策略及 CEO 本人等相关的问题畅所欲言。

任仕达中国更进一步，鼓励透明化的沟通，开通了线上线下"Talk to Nikki"沟通渠道，鼓励大家与任仕达大中华区董事总经理高蕾女士（Nikki Gao）直接沟通创意、想法与建议, 搭建了管理层与员工、客户、候选人最直接的沟通桥梁。线上通过微信、微博、Linkedin 等社交公开平台，线下通过午餐会、茶话会等非正式沟通方式，鼓励大家畅所欲言。此举收效颇丰，呈现出了百花齐放、百家争鸣的生动局面，三个月就收到了 60 多个创意想法与建议，为公司及整个行业的创新发展提供了新思路、新方法。

## 员工激励：致力长远发展与抱负

乔斯先生介绍，任仕达在管理职位的填补上，基于绩效表现与潜能评估，除了常规的从外部吸纳所需的领导类人才外，尽可能地从内部培养所需的领导者。在绩效管理上，任仕达全球在

2017 年实施了 Great Conversations 项目。除了常规的绩效评估，员工与直线老板之间至少进行每个季度一次的建设性的、聚焦未来发展的在职反馈、培训方面的沟通。这样的沟通非常有意义且鼓舞人心，交流的不再只是产出的数字，而是员工的发展与抱负。这意味着组织在赋予员工发展的力量而不只是评估他们。

人力资源部门支持员工在发展与应用技能方面的要求，接收并给予持续的反馈与建议。Great Conversations 项目同时也为激励与认知及员工发展（Reward & Recognition and Learning & Development）提供反馈，为员工提供有意义的奖励及公平的薪酬。

为了维系员工与企业的长期发展关系，1988 年任仕达在荷兰阿姆斯特丹上市后，持续推进员工持股计划，鼓励员工以定量份额、低于市场价格购买公司股票，同时获得公司等量金额补贴。截至 2018 年，任仕达全球超过 1.4 万名员工积极参与。

## 组织多元化：鼓励女性职业发展

在企业雇主品牌的塑造上，任仕达与时俱进，开拓进取，不仅致力于提升科技化创新的形象，更致力于成为一家温暖有温度的雇主。

乔斯先生表示，在员工组成上，任仕达已经塑造了一个性别平等、包容且多样化的组织结构与工作氛围。任仕达鼓励女性在各个层级的发展，2018 年在 Staffing Industry Analysts（SIA）公布的名单中，9 位任仕达高管入选"全球 150 位最具影响力的职场女性 (Global Power 150–Women in Staffing List)"。在本土化发展战略中，性别多元化继续被推行，以支持广泛意义上的多样化与包容性。如任仕达的合作伙伴 Workplace Pride——一个非营利性基金推进跨性别（LGBTI）在职场中的接受程度。

任仕达中国率先提出"25℃新雇主"的全新概念，任仕达大中华区董事总经理高蕾女士曾表示，25℃对于人体而言是最舒适的温度，人们在最舒适的状态下最容易产生创造力和激情。任仕达致力于提供有温度的职业发展环境，鼓励女性在职场的发展。据统计，目前当地女性员工的比例约占到总员工人数75% 以上。为了给予职业女性更多的呵护与照顾，还协调大楼物业在一个楼层专设了女性洗手间，更在办公室开辟了一个私密的爱心小屋，供孕产期女性员工休息使用。不仅如此，高蕾女士作为职业教练，身体力行，培养和辅导了近百位女性领导者，助力她们培养领导力、企业家精神，提高平衡工作与生活的能力，在职场与人生取得长足进步。

## 共生共赢：心系社会

任仕达秉承共生共赢的核心价值观，心系社会，勇于承担社会责任。任仕达全球启动全球化企业社会责任平台 Randstad With Heart（RWH），鼓励世界范围内 38 个国家和地区近 4 万名雇员以行动回馈社会，每年每人提供 8 小时带薪志愿服务。

应对突发状况，在 2020 年中国抗击新型冠状病毒疫情期间，任仕达大中华第一时间成立应急协调委员会，部署应对策略。针对分布在各个城市的数万名外包员工，从除夕夜开始定期排查员工健康状况。对于疑似病例员工及其家属，协助联系当地医保局，减免费用及时就医。对于复工时间延长，个别业务外包项目推迟启动的情况，任仕达坚持不裁员不降薪，保障员工生活收入、维护社会稳定。细微之处见真情，任仕达大中华切实关爱员工身心健康，每日细致跟进员工及家属身体状况和接触人员情况，普及防疫知识，采购口罩、体温计等防疫物资，确保员工复工前送达全国各地办公室，组织线上员工活动缓解心理焦虑，传递正能量。

与此同时，秉承"Randstad With Heart"积极回馈社会的精神，任仕达大中华划出专项资金 20 万元，发动内部员工筹集了 30552 元爱心捐款，向驰援武汉的上海瑞金医院及岳阳医院捐赠医用紧缺物资，包括 8000 瓶医用酒精消毒液、55000 只医用蓝色丁腈手套、1440 盒连花清瘟胶囊、500 盒力度伸维 C 泡腾片，全力支持抗疫医疗人员。同时任仕达大中华利用全球网络优势，号召全球 38 个国家和地区近 4 万名员工齐心协力筹措紧缺物资。任仕达集团投入 10 万美元用于爱心捐赠，近 6 万只口罩及其他爱心物资从新加坡、日本、美国、英国等海外各地寄往中国。与此同时，在抗疫的关键时期，任仕达全球近 4 万名员工代表还送来鼓励及祝福视频，致敬每一位在岗敬业的工作人员，每一位一线抗疫的医护人员，以及所有坚守如一，坚持到底的中国人。

在日常工作中，1960 年以来，任仕达鼓励全球雇员结合专业知识及技能，携手 VSO 等世界领先的非政府组织，助力弱势群体提高就业能力，脱离贫困，促进社会发展。作为职场专家，任仕达中国启动"R-Lab 职场任意门"，每年携手名企高管等职业导师，面向超过 30 所大专院校举办校园公益宣讲活动，为莘莘学子提供极具针对性的就业辅导，螺旋式提升职业技能。此外，还扶老携幼，倾力相助来自康健院、敬老院的孤寡老人、残障幼童等弱势群体；年逢盛夏酷暑，当地志愿者头顶骄阳，走访抗高温的企业及机构，致敬最可爱的一线人员，持续投入高温送清凉的公益活动。

不仅如此，任仕达中国还开启了公益节活动，凝聚众力，联合第三方公益平台，为大学生及社会人群提供职业规划咨询，捐赠图书、衣物至中国西部贫困地区，倡导环保为"任仕达中国公益合种树（Randstad family tree）"贡献力量。每次公益活动，当地的员工都踊跃参与，乐在其中，体会工作的另外一种意义。

卓越的雇主品牌创造了员工更高的参与度和自豪感，赋予了工作更深层的意义。"以人为先，任行未来"的品牌承诺已嵌入企业的未来发展之旅。2020 年，任仕达成立 60 周年，持续领跑全球人力资源服务机构。正如乔斯先生所言，"以人为先，任行未来"，帮助组织与人才实现自己真正的潜力，这是任仕达对世界的品牌承诺，强调了任仕达永远把人放在第一位，也是任仕达雇主品牌由内而外散发出的气质与魅力，更是支持其持续发展的动力源泉。

## ▶ 关于任仕达

任仕达集团成立于 1960 年，总部位于荷兰阿姆斯特丹市，是一家专业的综合性人力资源服务机构，全球有近 4 万名员工，服务遍及 38 个国家和地区，有近 4 900 处分支机构，每天为近 70 万名候选人提供工作机会。任仕达集团在全球人力资源服务领域处于领先地位，并以优异的财务表现长期位居财富 500 强。

2006 年，任仕达启航中国，2019 年合并香港地区业务，总部落地上海，服务覆盖华东、华北、华中，以及华南大亚湾区域的一二线直营城市，有逾 300 个合作网点，精专 IT 互联网、金融保险、化工能源、智能制造、汽车自动化、建筑地产、医疗制药、快消零售等重要领域，提供包括中高端人才搜寻、岗位外包、人事代理、培训咨询等定制化人力资源解决方案。

# 海尔

雇主品牌

# 寄语

雇主品牌是一种体验，我希望每个
想要加入海尔的人或者已经在海尔
的人，以及与海尔有关联的人，会
因这次体验而感到骄傲。

# 海尔
## 员工创客化

**专访海尔集团雇主品牌负责人周正**

海尔集团创始人，现任海尔集团董事局主席、首席执行官张瑞敏在不同场合多次提到古希腊哲学家亚里士多德的一句名言："人的幸福，是可以自由地发挥出自己最大的能力。"如今的海尔正在实现人的价值最大化。

海尔是海，文化的海、精神的海，从"真诚到永远""以用户为中心"到"人单合一双赢模式""共创共赢生态圈""企业无边界、管理无领导、供应链无尺度""企业平台化，员工创客化和用户个性化"……这些理念使海尔成为海纳百川、有容乃大的海，走在了时代的前列，不断地进行自我转型和重生。

　　为了达到三"无"，海尔在 2005 年就展开了前所未有的组织变革，开启了人单合一双赢模式。"人"即员工；"单"不是狭义的订单，而是用户资源。"双赢"，就是把每一个员工和用户结合到一起，让员工在为用户创造价值的同时实现自身价值，让每个人都成为自己的 CEO，实现自创业、自组织、自驱动。

　　相关信息显示，截至目前，海尔集团已支持内部创业人员成立 200 余家小微公司。创业项目涉及家电、智能可穿戴设备等产品类别，以及物流、商务、文化等服务领域。另外，在海尔创业平台，已经诞生 470 个项目，汇聚 1 328 家风险投资机构，吸引 4 000 多家生态资源，孵化和孕育着 2 000 多家创客小微公司。越来越多的社会人员选择海尔平台进行创业，海尔创建的创业生态系统已为全社会提供超过 100 万个就业机会。

　　这种人单合一双赢模式是如何搭建海尔"人人创客，引爆引领"的创业生态系统，不断推动员工、组织和企业实现转型升级的？海尔集团雇主品牌负责人周正对此做了深入的解读。

## 颠覆式创新：人单合一模式

人单合一模式是张瑞敏创立的，这一管理模式受到全球管理学界及企业界的高度认可，被认为是继福特模式、丰田模式后的第三代企业管理模式创新。

周正介绍，人单合一模式是以用户为起点的逆向改造。目前海尔集团内部只有三类人：平台主、小微主和创客。平台主是为小微创业团队提供资源和服务支持，小微主就是创业团队的接口人，以前的员工都转变为创客。新模式下，企业从科层制组织变为网络化平台，员工从执行者变为主动为用户创造价值的动态合伙人。小微独立运作，变成了"自组织、自创业、自驱动"的"三自"组织，员工变成了拥有"用人权、薪酬权和决策权"的"三权"创客。

在人力资源管理上，企业的传统做法是定岗、定编、定人，海尔的做法是企业不定人，人力资源部门只是根据财务人员提供的报表和数据，指出团队哪些人不符合要求，需要重新组合。小微拥有决策权、用人权、薪酬权，自主选择团队成员，整合资源，找人加盟。

张瑞敏在公开场合下分享过一个小故事：海尔有个创业团队 1 个月没有挣出钱来，摆在团队负责人前面的路只有两条，一是把它撤掉，损失算自己的，二是认为还能干，从家里拿钱

给团队发薪水。最后这位负责人从家里拿了 20 万元，并与团队签了个借条，等业绩做上去后再还他。类似情节在海尔并不鲜见。那位团队负责人叫作平台主，创业团队是小微。给团队发薪水的不再是海尔，而是靠他们从市场上创造的价值所得，海尔称之为"用户付薪"。

这种变化把员工从受雇者、执行者转变成创业者、合伙人，不再是企业付薪，而是变成用户付薪，共担利益与风险。"人单合一"最大的一个特点是"按单聚散"，能者居之。不是非得现有员工创造用户价值，而是谁能创造用户价值，谁就有机会发挥。简单来说，是"按单选人"而不是"按人选单"。涉及资源分配，传统企业是从上到下制定费用预算，然后层层分解。而在海尔，小微企业需要资金，可以从外部风投机构募集资金，加上海尔投资的资金，员工跟投的资金，股权结构极为多元化，与市场化的资源存在对赌关系，海尔称这种激励机制为"对赌酬"。即小微与海尔平台事前确定对赌承诺，承诺目标价值及分享空间，在达到对赌目标后，按约定分享对赌价值。

周正提到，匹配企业战略和组织的演变，海尔是一个人人创客的平台，也是一个优胜劣汰，鼓励自由、平等竞争的平台。海尔小微创业的股权或期权是动态变化的，不能达到预期就面临退出风险，同时持有的股权或期权也要退出，由新加入的人享有。但如果某个小微或创业项目不能再为用户创造价值，可能就会被平台淘汰或兼并，这是一个生生不息的动态过程。

平台主的价值是分享资源，分享能为小微增值的部分。如小微企业从初创期到成长期再到成熟期，包括设计公司股权、工商注册、财务、融资、纳税等，甚至办公系统信息化、IPO上市、注销，只要是在海尔平台上的小微企业，都能得到全生命周期的服务。同时，海尔的平台也是开放的，比如海尔的创业孵化平台"海创汇"，既投资内部员工的创业项目，也投资外部创业团队的项目。

周正特别补充说，这种创客文化有一种海纳百川的包容性在里面，将封闭的组织变为开放的生态圈，鼓励内外部的人员利用海尔资源进行创业，丰富整个海尔生态，提升用户的价值。海尔对于小微的孵化模式也是开放而多样化的：第一类是脱离海尔主体的孵化，员工可以辞职，独立开公司；第二类是在原有产业上延伸出来的公司，与公司平台交互；第三类是众筹孵化，吸引社会上各种各样的资源，一起筹钱、筹资源，成立公司；第四类就是生态小微，在这个模式之上，很多社会上的创客可以带着项目、带着团队进入海尔平台，共享资源。

## 海纳百川：沙拉式多元文化体系

作为最早"走出去"的中国企业之一，在世界品牌舞台上，海尔熠熠生辉。从在美国建立第一个海外工业园开始，海尔就开启了国际化战略，并在接下来的短短十余年间，将全球多个知名家电品牌如三洋电机在日本和东南亚部分地区的白色家电业务、新西兰国宝级家电品牌斐雪派克、通用家电业务（GEA）通过差异化的国际并购将其收入囊中，实现了海外资源的快速扩展和整合，在全球拥有了10大研发中心、25个工业园、122个制造工厂、106个营销中心，产品销往海外100多个国家和地区。

全世界文化各有不同，海尔在国际化发展上有哪些变与不变？为何总能成功？周正介绍："如今的海尔，不仅向海外输出产品、品牌和技术，还输出海尔的中国管理模式。不同于国际流行做法，海尔并购海外企业，不是从总部派驻管理人员，不是去领导他们，而是通过人单合一管理模式，将海尔的创业创新的品牌文化基因成功输送给并购来的组织和员工。"

在谈到海尔的这一体系时，周正颇为自豪，他解释说："'沙拉式'并购是海尔创造的一个新模式，像西餐的沙拉一样，沙拉里可以有各种不同的蔬菜,这些蔬菜就代表了各国不同的文化,各个企业不同的形态,这些都可以保留,但沙拉酱是统一的。沙拉酱就是海尔的模式,就是人单合一模式,让不同文化背景下并购来的组织和员工转向为用户创造价值上去。"

在保留被并购企业优良经营资源的前提下,公司成功将海尔制输出到美国、日本与新西兰等世界各地。在日本三洋、新西兰斐雪派克以及美国GEA,海尔实现了跨文化复制。对于日本三洋,保留了三洋所延续的丰田制的团队精神,以人单合一模式改变了团队精神的服务方向,将唯领导者至上变革为用户至上;对于新西兰斐雪派克,保留了其制造工艺精良的"工匠精神",以人单合一模式将决策权、用人权、分配权让渡给员工;对于GEA,保留了其"契约精神",以人单合一模式使契约精神植入互联网时代的非线性逻辑,以创业小微取代职能部门,激活其市场活力。2017年,GEA在并购后一年,达到过去10年最好的业绩,利润增幅为22.4%。

沙拉式文化体系之所以在不同文化背景下广被接受,是因为无论哪个国家、民族或文化,每个人都希望得到尊重,希望自身价值得到实现与发挥。而人单合一模式,让每个人充分实现了他们的潜力与价值,变成自创业、自组织、自驱动的创客。

## 共创共赢:赋能创客平台

员工创客化使海尔的创新和研发速度实现了裂变,收获了不错的成果，从家电到解决方案再到智慧生态，践行成为物联网时代的引领者。冰箱不再仅是解决冷冻食品的问题，海尔智慧冰箱上连接了几百家有机食品供应商，提供安全食品解决方案，实现了"食联网"。海尔智慧家庭食联网汇聚了农场、生鲜配送服务商等。用户可以直接用冰箱购买食材。购买前，可在冰箱终端屏幕上浏览食品溯源信息详情页，了解到食材的品种、种植养殖、采收加工、检验检疫等前端溯源信息；购买食材过程中，可通过溯源信息平台，查询到食材的物流运输、中转仓库等信息。

海尔也因为创客机制的推行，愈发朝气蓬勃。海尔自主建立的工业互联网平台 COSMOPlat，改变了传统制造工厂单纯生产产品的功能，深度融合了先进制造业与互联网、大数据与人

工智能，实现了用户的个性化体验，满足了用户的物质与精神的双重需求。2018 年 1 月 6 日，张瑞敏在创新年会上以"生活X.0：定制物联网时代的美好生活"为演讲题目，明确将"美好生活"作为公司愿景、经营哲学与战略目标。

　　海尔的小微模式之所以能够做起来，除了架构独立之外，还有更重要的一点是每个小微公司既是风险共担，也是利益共享，在海尔创客加速体系中，还成立了创客学院、创客实验室、创客空间、创客工厂、创客金融、创客市场，赋能创客，助力与加速创客的成长和成功。例如雷神的崛起与海尔平台前期给予的资源辅助是分不开的。供应链走的是苏州海尔工厂，借助其规模优势，上游广达、蓝天等模具供应商会给雷神同样的账期，下游互联网电商平台又必须提供部分定金。上下一抵消，使得雷神只需投入少量资金就可进入良性循环。

　　2015 年，为保障员工、组织、企业三个转型的顺利展开，海尔聚焦两大平台的建设——投资驱动平台和用户付薪平台。其中，投资驱动平台就是将企业从管控组织颠覆为生生不息的创业生态圈，为创业者在不同创业阶段提供资金支持。用户付薪平台是指创客的薪酬由用户说了算，从企业付薪到用户付薪，促使创业小微公司不断自演进和迭代升级。投资驱动平台和用户付薪平台是海尔模式创新的驱动力量。

　　周正介绍，人力资源平台的搭建也是一样，在传统的 E-HR 做法之上有许多创新和升级。结合海尔一直秉承的"世界是我们的人力资源部"的理念，打造了一个开放动态的吸引全球人力资源的体系。

　　从人才招聘来讲，周正提到，海尔的员工创客化文化决定了对人才特质的要求。在海尔创业小微模式的驱动下，海尔想吸引的人才不再是被动的执行者，而是主动的创客，公司不再是提供一个具体的工作岗位给他，而是提供一个让个体能量无限释放的创业平台任其发挥。他们的工作完全是自发的，而非指派、安排。过往传统的招聘模式已经无法满足创业小微的人才需求，只有搭建开放动态的人才池，才能让小微更好地展示自己的吸引力，让人才深入地了解小微，让两者之间有深度的交互，才能真正实现最佳匹配、才尽其用。在此基础上，积淀企业的人才吸引力，开放地将全球优秀人才纳入生态圈中。这正是搭建全球人才吸引平台"海尔创吧"的初衷。

　　从员工发展来讲，互联网时代，每个人和组织都是开放网络体系的节点，海尔的平台型生态圈组织也是开放的、无边界的，人才发展平台也是开放且动态优化的，不论是内部的人还是外部的人（或资源），都可以在海尔平台上创业、发展。首先，海尔平台上的每个人都有清晰的"方向感"。因为海尔创业至今已历经五个战略发展阶段，创新创业和自主经营成为企业文化的基因，员工在这个过程中是自主发展和主动"抢"发展，而不是"要我发展"。例如，目前在物联网平台引领的战略下，每个小微（每个人）十分清晰目标是什么、角色是什么、实现的价值是什么。其次，平台上的每个小微（每个人）都被关注，基于此，海尔做的是动态显示，既显"好"也显"差"；在海尔的小微 EHR 平台上，人单酬大数据系统可以即时显示小微各个经营维度的数据，每个小微既可以看到自己的发展趋势，看到小微内每个人的动态趋势，也可以看到自己小微与同类型小微的差距及与行业的对比等；对标成功小微，提炼出其"画像"，内容包括战略目标、差异化的模式、经营行为、激励机制、团队人才结构及效能等多个要素，让其他小微可以对照成功标杆，发现自身的差距，明确努力方向。

最后，以小微主发展为例，打破了传统的以岗位晋升为基础的线性发展，转变成以聚焦价值的非线性发展。主要表现为三个路径：第一，小微主可以将自己的小微价值做大，实现价值升级，从而具备竞单"平台主"的发展机会；第二，小微可以不断裂变，冒出新的小微；第三，小微可以不断发现新机会，做大价值后发展为平台，即小微主发展为平台主。

有很多成功的实践案例，比如"雷神"小微，成立最初只是做游戏笔记本硬件产品，通过开放的社群交互、做生态圈，现在正发展成为游戏生态圈平台；又比如"水平台"，之前只是一个提供净水产品的小微，通过逐步发展壮大自己的社群，一方面为城市用户提供"健康水"的整体解决方案，另一方面在农村建立"水站"，既解决了农村用水安全的问题，也建立起了诚信的平台，吸引了更多的生态资源到平台上，发展成为新的平台组织。

从薪酬激励来讲，在海尔平台上，"用户付薪"和"按价值发展"是相互闭环的，"用户付薪"颠覆了以往的领导评价，用户付薪为用户评价，每个人只有为用户创造出价值才能分享到回报，高价值则意味着高分享、高回报。在用户付薪基础上，建立了"创客认可激励平台"，以营造积极、持续的创造用户价值的组织氛围。通过平台，激励员工统一目标、并联协同，为倡导的行为相互点赞，积极转型，激发创客为用户创造更多的价值。同时，设立了"三金"大奖，分别是针对小微组织的"金榕树奖"、针对小微主和全员创客的"金锤奖"，以及针对平台主的"金网奖"。每个月和每个季度均会进行动态评奖，年度累计产生年度大奖，获奖者将通过企业的社交平台和媒体进行宣传，成为全员学习的示范标杆。

与此同时，海尔创业培育以海尔大学为依托，提供完善的创业培育体系。创客学院是专业的创客培养加速平台。创客学院能够为创客提供创客公开课、创业训练营、创客模式输出、创客联盟、创客活动等多种形式，如邀请世界知名管理大师、硅谷创业导师、知名投资人、互联网公司高管、成功创业者等进行主题分享，建立私董会、项目路演等为创客提供实战辅导，通过头脑风暴、样板小微分享、引入外脑等向创业小微提供社群搭建、营销、实体价值链落地、粉丝交互与运营等方面的辅导，与哈佛大学、瑞士洛桑管理学院、中欧国际工商学院、北京大学、清华大学、微软、思科、宝洁等诸多世界一流资源建立合作关系，24 小时在线与员工进行案例互动、分享创新经验。

周正谈起他当初加入海尔的原因，就是因为海尔超前的人才管理理念、敢于变革的魄力与勇气和不拘一格的用人思维。

他喜欢这种组织由内而外散发出的创新力、自驱力，并不断地在工作领域尝试新的突破。在雇主品牌建设上，不同于传统的企业，他们的部门更像是一个第三方的人力资源咨询公司，从用户思维、用户体验的角度，为小微提供更多被认可、愿意接受并采用的资源，通过线上线下如超级雇主日等活动，激发和提高他们的认同感，让海尔充满持续创业创新的精神。

　　海尔从制造产品的企业，变为孵化创客的平台，已进入"管理无人区"。自创新、自驱动、自运转，无边界，海尔人单合一模式创新探索的终极目标即在于此。这一模式正引领世界管理潮流，成为一种新的商业模式与思维。有人曾问张瑞敏：对他的工作和生活影响最大的哲学家是谁？他回答是老子。老子在说到"道"的至高境界时，引用了"大象无形"等说法。无疑，如今海尔的企业无边界，已初具这一境界。

### ▶ 关于海尔

　　海尔集团是一家全球知名的美好生活解决方案服务商。在互联网和物联网时代，海尔从传统制造企业转型为共创共赢的物联网社群生态，率先在全球创立物联网生态品牌。公司创始人张瑞敏先生任董事局主席、首席执行官。

　　公司创立于 1984 年 12 月 26 日。在张瑞敏时代企业管理思想

和经营哲学指引下，海尔集团顺应时代发展潮流，历经五个战略发展阶段，从资不抵债、濒临倒闭的集体小厂发展成为物联网时代引领的生态型企业。2018 年，海尔集团全球营业额达到 2 661 亿元，同比增长 10%，全球利税 331 亿元，同比增长 10%。2018 年海尔集团实现全年生态收入 151 亿元，同比增长 75%。目前，海尔在全球拥有 10 大研发中心，25 个工业园，122 个制造中心，106 个营销中心。

海尔集团拥有海尔、卡萨帝、GEA、斐雪派克、Candy、AQUA、统帅等智能家电品牌；日日顺、海尔消费金融、COSMOPlat、顺逛等物联网服务品牌；海尔兄弟等文化创意品牌。物联网时代，海尔将围绕"智家定制"（智慧家庭定制美好生活）的战略原点，构建食联生态、衣联生态、住居生态、互娱生态等物联网生态圈，满足全球用户不断迭代的个性化家居服务方案的需求。同时，人单合一模式下的大规模定制解决方案 COSMOPlat 领先于德国工业 4.0 和美国工业互联网，牵头制定了三项大规模定制模式国际标准。

在"2019 年 BrandZ™ 全球最具价值品牌 100 强"榜单中，海尔成为该世界权威品牌榜单史上首个"物联网生态品牌"；海尔集团旗下子公司之——海尔智家股份有限公司凭借智慧家庭生态品牌的全球落地蝉联《财富》世界 500 强。物联网时代，海尔生态品牌和海尔模式正在实现全球引领。

**TCL**

雇主品牌
# 寄语

TCL 是一家拥有强烈使命感的企业，以科技和创新不断为全球用户创造精彩，对于 TCLer 和即将成为 TCLer 的伙伴而言，我们的任务是搭建全球化舞台和体系化人才培养机制，邀请大家在这个全球舞台上，施展自己的才华，筑梦智慧未来。

# TCL
## 全球化的平台培养全球化的人才

**专访 TCL 智能终端业务群人力资源中心总监顾进山**

66 中国企业必须'走出去'，必须实施坚决的国际化战略，唯

有如此，才有可能成为世界级的伟大企业。而 TCL，理应
在这样的远征中，扮演先锋者的角色。"TCL 创始人、董事长李
东生一直把打造世界级伟大企业作为企业发展目标，38 年以来，
逐梦世界大舞台。

朝着"世界级伟大企业"的目标，TCL 率先开启全球化布
局的征程，从成长之初的一家偏僻小厂，发展成为如今享誉全
球的大国品牌，业务遍及 160 多个国家和地区，在全球拥有了
8.9 万余名员工、28 个研发机构、22 个制造基地，2019 年 TCL

的全球电视出货量持续攀升，上半年出货量市占率达 14.3%，
稳居全球前二。

在这个过程中，TCL 的人才理念是怎样的？如何支撑其在
全球化进程中快速崛起，最终实现全球领先？为此，我们专访
了 TCL 智能终端业务群人力资源中心总监顾进山。他 2000 年
毕业后加入公司，专注于人力资源领域，和公司一起经历 TCL
TV 业务全球拓展与转型的主要阶段，参与了 TCL 早期人力资
源核心体系的搭建。

## 全球大平台：
## 我们负责搭建全球舞台，你负责发光放彩

TCL 的前身是成立于 1981 年的 TTK 家庭电器（惠州）有

限公司，也是改革开放后，中国最早涌现的 13 家合资企业之一。合资出身加英文名头，似乎注定了 TCL 一定要"走出去"。

早在 1999 年，TCL 便以国际化的前瞻发展眼光启航越南，之后迅速进军印度、菲律宾、印度尼西亚、俄罗斯等市场。2004 年以蛇吞象的魄力进军欧美市场，并购了汤姆逊全球彩电业务和阿尔卡特手机业务，开创了中国企业国际化经营的先河。

2018 年，TCL 电视全球出货量稳居第二，海外市场强势增长。2019 年 1—5 月销量同比上涨 43.1%。其中北美销量大幅提升达 96.8%，TCL 全球化布局进入"快车道"。

顾进山颇感自豪地介绍道："全球化已经成为 TCL 业务发展的重要驱动引擎，TCL 的全球化是真正意义上的全球化，我们不仅有全球化的市场和销售，还有全球化的研发、供应链、售后服务，2018 年营收当中超过 50% 来自海外市场，其中北美、欧洲和新兴经济体三大区域市场增势强劲。"

顾进山表示："TCL 想要进一步发展全球化业务，没有一批懂经营的管理人才和技术领军人才是绝对不可能的。但是怎么才能吸引到这批人才，最重要的肯定是平台，只有全球化的大平台才能培养全球化的人才。TCL 的全球化布局和业务拓展，使得产品、研发、营销、供应链等方面的经营复杂度与跨文化管理难度呈指数级增加，同时，在解决这些问题的过程中，员工的视野、能力与经验，也得到指数级的提升。解决了全球化的难题，也就培养了全球化的人才，全球化为员工提供了施展抱负，追逐梦想的舞台。"

人才是炼出来的，干部是打出来的，在 TCL 国际化的多年征程之中，一大批干部得到历练与快速成长，现任 TCL 实业 CEO 的王成便是最好的典范。1997 年王成毕业后加入 TCL，因为国内工作的出色表现，被选拔作为公司优秀管理干部，送往美国留学一年，之后担任越南公司总经理、海外业务总经理、TCL 电子 CEO，伴随着 TCL 国际化征程一路前行，最终成为 TCL 实业的领军人物。

"TCL 在人才培养中最重要的方法，尤其是培养经营管理干部和技术领军人才，就是不停地提供更大的平台。"顾进山说道，"我们的职责就是为未来人才搭建舞台，见证他们的发光放彩。"

## 事业合伙人：
## 我们相互信赖、交付结果、共享收益

事业合伙人是 TCL 特有的用人标准和理念，顾进山解释道："人才是 TCL 的核心资源，只有一流的优秀人才才能成就卓越的组织，我们在全球人才招聘时，喜欢用事业合伙人的概念来形容 TCLer 的标准和画像：具备开创精神、值得信赖、有能力、交付结果、共享收益。"

"在早期国际化快速发展的过程中，TCL 通过招聘 ·批职业经理人的方式快速弥补能力空缺。但在企业遭遇挫折陷入低谷的时候，很多人都选择了离开。从个人角度看，这种行为是可以理解的。但公司在发展过程中，一定会经历高峰与低谷，尤其是在中国企业的国际化过程之中，不可能完全一帆风顺，个人可以选择离开，但公司需要一批敢于担责、敢于打硬仗并长期坚持的同行人。这引发了我们对职业经理人与事业合伙人的思考，引发我们对 TCL 人才理念和人才价值观的思考。"

公司有相当一批员工跟随业务的发展，经历不同职能领域、发展阶段、地域差异、顺境与困境，逐步成为 TCLer，成为 TCL 的事业合伙人。作为一毕业就加入 TCL 的员工，顾进山在谈到自己的收获和感受时说道："刚刚毕业时，我们向国外跨国企业学习，无论在产品经营还是人力资源管理上，都是一种仰视崇拜的姿态，甚至觉得永远都无法超越它们。但 TCL 给了

我们足够多的机会，职业发展初期，我们就和国际顶级咨询公司合作，搭建 HR 体系，视野更加开阔，并有很多独当一面的机会。随着时间的推移和努力付出，在经营理念、国际化人力资源搭建等方面，便有了相同语言，差距逐步缩小，在某些领域甚至实现了超越。从做中国一流的企业、成为全球化的公司，再到成为全球领先的智能科技公司，TCL 不竭向前的发展动力，也成就了员工今天的成长和一些小成就。这个成长过程一定不是舒适的，甚至是很痛苦的，但回望过去，这一切都是值得的。我们经常勉励伙伴和自己，我们之所以感到压力与焦虑，是因为我们的业务和团队在成长，说明我们一直在走上坡路！"

"与贡献者分享收益，一切资源向贡献者倾斜"也是 TCL 很重要的一个人才与激励理念。除了常规的固定薪酬、浮动薪酬，TCL 也是中国最早尝试股权激励的企业之一，公司把收益拿出来给绩优高潜员工分享，向贡献者倾斜。包括很多基层骨干也可以参加公司的利润分享与股权计划，"用事业合伙人的角度来工作，不断挑战，交付结果，心理上是完全不一样的。获得财富分享固然重要，更重要的是与公司一道成长"。

## 鹰系人才培养：
## 我们基于未来看现在，全力成长，赋能未来

"我们正处在 VUCA 时代，领导者的使命就是不止于眼下，更在于未来，在不确定的时代做确定的事情。"顾进山进一步阐

述说，"对于未来需要什么样的人才这个话题，企业只能做一件事情：在内部培养最优秀的人才，只有最优秀的人才才能应对不确定的事，企业的未来发展才确定。"

随着 TCL 规模的扩大，人才储备永远是不够的。为有效支持企业的可持续发展，TCL 大力投入人才选拔与培养，以满足人才增量需求。顾进山介绍道："经过多年探索，基于未来看现在，TCL 逐步搭建成支持当前业务，支撑未来战略的自有人才培养主线，其中最有自身特色的便是业界有名的 TCL 鹰系人才培养，包括面向新入职大学生的'雏鹰工程'，从'雏鹰'中我们又筛选出最棒的人才，用特别的计划为他们'助飞'。从基层经理中选拔出最优秀的'飞鹰'，培养部门负责人。从部门负责人中选拔最优秀的'精鹰'，进行为期一年的训练计划，培养总监级干部。从总监中选拔最优秀的'翱翔'，培养总经理。"

顾进山补充道："我们从 1997 年开始大规模招聘大学生，

至今已经有 22 年时间，培养员工近 3 万人，以 TCL 实业为例，我们的核心管理层三分之一以上都是雏鹰工程培养起来的领军人才。同样，无论是雏鹰、飞鹰、精鹰、翱翔，TCL 都希望员工在 TCL 实现职业增值的同时，助力企业经营不断增值。"

时势造就伟大企业，20 年的全球化之路，TCL 完成了全维度的全球布局，从追赶到领先，不但赢得了全球近 10 亿用户的喜爱和支持，还赢得了近 9 万名全球员工拼搏进取的心，成为全球电子行业当中一支蓬勃的中国力量。正如 TCL 雇主品牌 Slogan 宣称的那样，"我，不止于此"，相信未来的 TCL 也一样，不止于此，在优秀人才的加持下持续创造惊喜和自豪。

## ▶ 关于 TCL

TCL 实业控股股份有限公司致力于成为全球领先的智能科技公司，基于 AI x IoT，现有产品布局 T-Home（梦想之家）、T-Life（美丽人生）、T-Lodge（时光驿站）和 T-Park（智慧园区）4T 场景化产品矩阵，为用户提供智慧健康生活的产品与服务。

作为最早开始国际化探索的中国企业之一，TCL 全球业务遍及 160 多个国家和地区，累计服务用户 9.6 亿，已建立了全球 28 个研发机构、10 余家联合实验室、22 个制造加工基地，构建了全球的业务架构能力、供应能力和服务体系。

TCL 坚持人才驱动战略，面对转型升级，寻找具备开创精神、值得信赖、有能力、交付结果、共享收益的 TCL 事业合伙人。全球化的平台、体系化的鹰系培养、极具竞争力的薪酬福利、开放愉悦的工作氛围为你助燃青春、助力职场。

吉利

雇主品牌
寄语

对于任何人，无论现在处于一个什么样的点位上都不重要，关键是要在未来的几年找到内核，并持续迭代和升级。一个个动作的持续迭代和一次次微小的选择，这就是吉利寻找蓬勃向上力量的方式。

# 吉利
## 有机生长

在《财富》世界 500 强榜单上，浙江吉利控股集团（以下简称"吉利"）连续入选，赢得了社会的高度赞誉。在创新的道路上，吉利孜孜进取，在全球竞争中为民族汽车工业振兴而奋斗。

历经三十多年的发展，吉利目前旗下已拥有吉利、领克、几何、沃尔沃、极星、宝腾、路特斯、伦敦电动汽车、远程新能源商用车、太力飞行汽车、曹操出行、钱江摩托、盛宝银行、铭泰等品牌，在新能源科技、共享出行、车联网、无人驾驶、车载芯片、低轨卫星、激光通讯等前沿技术领域不断提升能力，

积极布局未来智慧立体出行生态。

　　一个蓬勃发展的企业离不开员工的集体奋斗，离不开富有凝聚力的文化价值观，以及为企业可持续发展赋能的卓越雇主品牌。

## See 模型：整合全球人才资源

　　吉利顺应经济全球化发展潮流，成功实现内生有机成长与外延并购成长相结合的发展模式，快速缩短了与全球先进水平的差距。

　　通过全球资源整合，吉利实现了全球采购、全球研发、全球制造、全球销售整个价值链的全球布局。目前，吉利已形成中国杭州、宁波杭州湾、瑞典哥德堡、英国考文垂、德国法兰克福全球五大工程研发中心和中国上海、瑞典哥德堡、英国考文垂、西班牙巴塞罗那、美国加州五大造型设计中心体系，支撑吉利旗下各品牌发展。不仅如此，吉利还在全球三大洲建有世界一流的现代化整车工厂，在全球100多个国家拥有各类销售网点超过4 000个。

吉利这些年发展迅速，同样仰赖于全球化人才战略布局。截至2019年底，吉利集合了汽车创新领域的精英人才，在全球拥有超过12万名员工，其中近5万名是海外员工，超2万名研发设计人员，每年投入数百亿元研发费用，远高于同行业平均水平。这为企业的可持续发展奠定了坚实的基础。

在文化融合方面，吉利为了更好地推动全球化进程，做了大量研究，并且专门成立了全球型企业文化研究中心。董事长李书福先生在题为《融入国际化与全球型企业文化建设》的演讲中表示："文化因素是并购过程中的关键点，企业的经济效益是企业生存的血液，没有效益的企业就会破产，而企业愿景、宗旨、使命及核心价值追求是企业发展的文化原动力，两者都很重要，缺一不可。只有这样，才能保证企业在全球市场不断取得成功。"

吉利的全球型企业文化建设，以尊重、适应、包容与融合的方式，淡化或打破原有国家、民族、宗教信仰、语言和局部文化特征方面存在的障碍，保持积极向上的一种文化，求同存异。2010年在并购沃尔沃汽车之后，吉利不是派人去管理，而是采取尊重其相对独立主权、自主经营的方式，在全球招聘首席执行官和首席财务官，组织新的管理团队，实现了中国投资与欧洲技术的顺利对接，东方所有权与西方治理架构的相互融合，较好地实现了文化、人才与技术的融合，达到了合作共赢和全球市场的成功，带动了更多的国际并购成功案例。在"一带一路"倡议建设的背景下，吉利在收购马来西亚的宝腾和英国路特斯股权后，开启了中国品牌向国外输出技术、输出标准、输出人才、输出产品等全产业链输出的先河。

在人力资源管理上，吉利在业务发展的不同时期不断革新，制定了与业务战略相匹配的人力资源管理模型。为响应"精品车战略"及全新的品牌架构，吉利打造了人力资源业务伙伴（HRBP）、专业技术（COE）、共享服务中心（HRSSC）三支柱模型；为支撑吉利完成的一系列海外合资并购，满足全球化业务发展的战略需求，三支柱转向"N支柱"；在共享化、互联化、智能化、电气化的发展趋势下，为助力全球业务持续领先，吉利打造了以人才和文化为驱动，更符合全球人才发展和管理的See模型，包括"人才战略、人才赋能、人才体验"三个层面。

See，意为"看见"，一是从外向内看，让外部优秀的人才看见吉利的平台、发展战略、企业文化和发展空间，聚集全球优秀人才；二是从内向外看，让内部人才通过"内生型人才培养"机制及有竞争力的激励体系，激发出活力与创造力，看得见自己的成长空间。

三个层面围绕"看见"展开，"人才战略，要看见未来""人才赋能，要看见价值""人才体验，要看见需求"。在人才战略上，以国际视野制定全球化人才战略，对全球人才进行统一规划、培养、评价与激励，优化人才结构，建设敏捷型组织，建立全球化思维、本土化运作机制，实现人才与企业发展的双赢。在人才赋能上，通过高潜人才选拔，技能比武、蓄能工程、激活工程等方式发现人才，提升组织效能及活力；通过全员培训工程，实现员工自我赋能；通过 P2P 工程实现 HRBP 角色认知转化，建立业务伙伴服务新模式，加快人才梯队化建设。在人才体验上，根据人才的差异化需求，为员工建立从面试到退休或离职的全职业生命周期的关爱计划，通过为员工创造无边界产品交付场景新体验、服务体验感知质量工程、战略人才地图计划、大数据透视项目等，增强员工在吉利的归属感、幸福感、成就感。

## 吉利人才森林：有机生长

吉利非常重视人才的吸引、培养与保留，董事长李书福提出的经典的"人才森林"理论是最佳的体现：一方面，通过引进外部高端人才，形成人才大樟树，并提供良好的阳光雨露环境，使其扎根于吉利；另一方面，通过内部培养，形成一棵棵人才小树苗，让大樟树带动小树苗一起成长，最终共同成长为有高有低、有大有小、具有强大生命力和生态调节功能的吉利人才森林，实现企业的有机生长。

### 1. 吸引人才：寻找同路人

无论是校园招聘还是社会招聘，在海内外，吉利都从未停止对优秀人才的寻访，非常注重人才价值观的认同与人才的沉淀。

对于人才的标准，吉利的理念是"寻找同路人"，同路人不分肤色、区域、语种，需要认同吉利文化，有共同价值观和使命感，德才兼备。

秉承这种引进人才的观念，吉利启动了以"同路人，自有回响"为主题的全球校园招聘，到国内外知名高校招揽人才。吉利在全国三十余所高校成立了吉先锋俱乐部，以学生自治、校方监管、吉利支持三管齐下的模式探索校企合作的新生态。截至 2019 年底，吉利与 216 个校企合作，聘任 40 位校长为吉利文化校园传播大使，增强文化的认同感与人才吸引力。

快乐的奋斗者是吉利人才寻访的目标，他们在做事的过程中是非常自主、自发的，逆向思维比较强烈，不会一遇到问题就停滞不前。从企业角度，吉利希望构建一个快乐的基因体，"尊重人、成就人、幸福人"。

## 2. 培养人才：打造吉利人才森林

经过 20 年的经营与实践，吉利的"人才森林"理论已初显成效。吉利控股集团总裁、吉利汽车集团总裁、CEO 安聪慧，吉利汽车集团副总裁、国内销售公司总经理林杰等都是吉利自主培养的。有的从大学生成长为行业领袖，有的成为卓越工匠，类似事例不胜枚举。

针对企业战略的发展，吉利为不同类型人才的发展设置了"右手工程"与"左手工程"。"右手工程"关注的是从学生开始就加入吉利的这部分群体。"左手工程"针对的主要是社招群体，根据事业部及所在职能被划分为许多块，如研发类人才，又细分为动力类、整车类、造型类的人才。吉利的企业大学会为这些不同类型的人才设置相应的培训课程。此外，针对核心人才制定种子人才计划，开展针对性的培训。

"右手工程"中，吉利特别重视对后备人才的培养。针对应届毕业生，吉利设置了"雁计划"，根据他们在吉利的工作年限、经验、绩效，又将其分为雏雁、大雁、飞雁、金雁四个阶段。实习生为雏雁，真正入职吉利的员工为大雁；在吉利工作3—5年者，从毕业后沉淀下来的员工为飞雁；毕业后到公司，作为未来重点培养的人才为金雁。不同阶段给予不同的培训支持。当他们到达飞雁这个阶段的时候，一部分人才会进入"左手工程"。有些人同时享受左右手工程计划培训项目。不同于其他企业更注重提高综合能力的管理类管培生计划，吉利的管培生计划更注重具备某一方向专业特长人才的开发与培养，希望所培养的是某领域专家的角色。

在人才培养上，吉利同步创办自己的学校，如浙江汽车职业技术学院、北京吉利学院、三亚学院、湖南吉利汽车职业技术学院、浙江汽车工程学院等，成立了从职高到研究生院等不同培养层次的吉利院校，为社会培养人才超过15万人。同时，吉利还打造了国际化、职业化、专业化的一流企业大学。独创的产教协同全新人才培养模式，更为吉利发展注入源源不断的动力。除吉利学堂外，吉利还建立了20所内部学院，如文化传播学院、领导力学院、工匠培育学院等，突破了专业人才培养边界，由业务负责人挂帅，企业大学提供人才培养解决方案，在支持业务发展、人员能力提升方面发挥出学院优势。

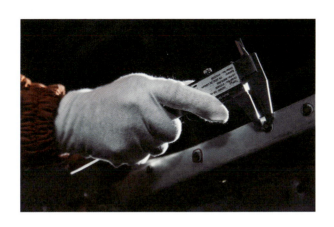

为了让员工找到合适的发展方向，吉利还为不同职业类型的员工设置不同的发展通道，保证了员工的福利待遇与成长空间。在吉利，工匠精神得到弘扬，一个基层蓝领通过个人努力和提升，待遇可达研究院副总工程师的标准。截至 2019 年底，吉利设立了 27 个技能大师工作室，涉及汽车装调、汽车钣金、汽车磨具等专业帮传带，快速育成了一批高技能人才。

在日常管理上，吉利对内积极推行"奋斗者文化、问题文化、对标文化、合规文化"四大文化。问题文化鼓励员工发现问题、勇于面对问题、解决问题，并将其视为一种智慧与提升机会；对标文化是吉利 2012 年提出的，针对管理、品质经营的对标，树立标杆找差距，倡导一种不断超越并追求卓越的匠人精神；吉利的合规文化强调合规人人有责，树立廉洁自律、诚实守信、勤勉尽责、高效透明的基本行为准则；奋斗者文化倡导员工以用户为中心、以结果为导向，持续创造价值，成为受尊敬的人。

### 3. 保留人才：让奋斗者无忧

吉利坚持打造"快乐经营体"，持续激发员工的积极性和创造性，实现企业和员工双赢。快乐经营体遵循以奋斗者为本、向奋斗者倾斜的分配原则，激励员工做出贡献。

为保障吉利职工子女接受优质教育，解除职工对子女学前教育的后顾之忧，吉利在杭州湾、宝鸡等基地开办了多所吉利幼儿园。接下来，吉利还要办养老院，帮助解决员工父母的养老问题。

同时，吉利特别拿出近亿元为员工及其家属购买意外、疾病、日常急诊及住院医疗保险，保障人群覆盖员工本人及其配偶、子女、父母，保障额度远高于市场中位水平，个别险种保

障额度高达百万元。吉利帮助解决员工父母的问题、孩子的问题，使他们能够安心工作。

正是这种人才可持续发展计划，使吉利在快速的转型发展中变得自信与主动。2017年，吉利在雇主品牌的建设上走在了国内企业的前列，成为为数不多在内部设立雇主品牌职能部门的企业。

## 吉时雨：雨露社会

吉利在担当振兴实体经济，吸纳更多就业的同时，也主动履行更多的企业社会责任。

"吉时雨"精准扶贫项目成立至今，投入资金超过3.5亿元，在全国启动25个农业帮扶项目，帮扶10省20地的13000余个建档立卡家庭，其中资助超过10000人次贫困学子圆校园梦，帮助3945位建档立卡户实现就业，责任采购精准扶贫地区农副产品金额超过4000万元。让扶贫更精准，更见实效，也更有温度。

实至名归，吉利以卓越的雇主品牌实力和"尊重人、成就人、幸福人"的人才理念，多次获得"年度最佳雇主"和"非凡雇主"大奖。在未来发展上，吉利将通过打破组织边界，实现企业品牌、产品品牌、雇主品牌三者之间的紧密协同，为企业发展增添新动力，助力企业向全球科技创新型企业转型！

## ▶ 关于吉利

　　浙江吉利控股集团始建于 1986 年，1997 年进入汽车行业，一直专注实业，专注技术创新和人才培养，现已发展成为一家集汽车整车、动力总成和关键零部件设计、研发、生产、销售和服务于一体，并涵盖出行服务、数字科技、金融服务、教育等业务的全球创新型科技企业集团。现资产总值超过 3 300 亿元，员工总数超过 12 万人，连续八年进入世界 500 强 (2019 年排名第 220 位 )。

　　吉利控股集团总部设在杭州，在中国上海、杭州、宁波，瑞典哥德堡、英国考文垂、西班牙巴塞罗那、美国加州、德国法兰克福、马来西亚吉隆坡等地建有造型设计和工程研发中心，在中国、美国、英国、瑞典、比利时、白罗斯、马来西亚建有世界一流的现代化的整车和动力总成制造工厂，旗下拥有吉利、领克、几何、沃尔沃、极星、宝腾、路特斯、伦敦电动汽车、远程新能源商用车、曹操出行、钱江摩托等品牌，是沃尔沃集团第一大持股股东和戴姆勒股份公司第一大股东。2019 年 4 月，吉利控股集团成为第 19 届杭州亚运会官方合作伙伴。

　　吉利控股集团秉承"奋斗者文化、问题文化、对标文化、合规文化"和"快乐人生，吉利相伴"的核心价值理念，长期坚持可持续发展战略，带动了大量产业链上下游企业共同发展，为实现中国汽车强国梦、创造超越期待的出行体验而不懈努力！

华夏幸福

# 华夏幸福

雇主品牌
# 寄语

以务实为基础，努力为员工办实事、办好事，传播正能量，传递真实的声音，让内外部了解真实的华夏幸福。

# 华夏幸福
## 无可比拟的幸福基因

**专访华夏幸福基业股份有限公司执行总裁袁刚**

华夏幸福基业股份有限公司（股票代码：600340）（以下简称"华夏幸福"）是中国领先的产业新城运营商，以"产业高度聚集、城市功能完善、生态环境优美"的产业新城为核心产品，发挥出一个有情怀企业在时代大潮中的担当作为。

"产业新城作为一项能够'在地图上留下印记，在历史上留下故事，在百姓心中留下念想'的伟大事业，深深地吸引了我。"华夏幸福执行总裁袁刚如是说，"华夏幸福是建设运营一座城，造福一方百姓，这是一项非常有意义的事业，这是华夏幸福具有的无可比拟的幸福基因，所以我愿意加入华夏幸福，来到北京发展。"

做有意义的事业，华夏幸福从 2002 年开启产业新城事业至今，以卓越的雇主品牌形象，凝聚了一批优秀的人才，开拓了"以产兴城、以城带产、产城融合、城乡一体"的产业新城发展理念，及"政府主导、企业运作、合作共赢"的 PPP（Public-Private Partnership，政府和社会资本合作模式）市场化运作机制，在规划设计、土地整理、基础设施建设、公共配套建设、产业发展、城市运营六大领域，致力于为城市提供全生命周期的可持续发展解决方案。截至目前，华夏幸福在北京、上海、广州、南京、杭州、郑州、武汉等全国 15 个核心都市圈布局产业新城。其最早开发运营的河北省固安产业新城 PPP 项目，成功入选联合国欧洲经济委员会第三届 PPP 国际论坛全球 60 个可持续发展 PPP 案例中，成为中国唯一入选的城镇综合开发案例。

从优秀到卓越，华夏幸福的规模化发展离不开雇主品牌在人才吸引、培养与保留方面的赋能。对此，特邀请华夏幸福执行总裁袁刚分享华夏幸福在雇主品牌建设方面的创新实践。

## 价值主张：做有意义的事业

经过近二十年实践，华夏幸福探索出了一条助力国家县域经济高质量发展的产业新城模式：通过基础设施和城市公共配套的完善和更新来吸引高端产业进驻，通过长期的创新、探索、磨合，弥补政府在资金、人才、产业、机制的相对短板，打造

有魅力、吸引力、承载力和竞争力的产业新城，吸引高端产业、技术和人才聚集，从而推动县域经济转型升级和高质量发展。以"固安模式"为样本，以产业发展为核心，华夏幸福将产业新城成功复制到京津冀、长江经济带和粤港澳大湾区，有效推动了合作区域经济的高质量发展。

　　袁刚先生介绍："公司战略决定了人才战略。产业新城需要十几年甚至数十年的培育和耕耘。这为加入到公司的员工参与全行业、全价值链的发展提供了广阔的平台，赋予了无可比拟的事业成就感。因此，'有意义的事业'是华夏幸福吸引与保留多元化人才最核心的价值主张（EVP）。"

华夏幸福坚持以人为本的指导思想，着力为人才打造更好的工作体验，以"与牛人为伍""与城市同台""与幸福相遇"作为雇主品牌价值主张的三支柱，助力雇主品牌建设。

"与牛人为伍"：华夏幸福广纳不同行业、不同文化背景的行业精英，汇集了全世界、全行业最多、最顶级、最懂产业新城的优秀人才。以股份公司总部为例，据统计，现有员工中有专业咨询公司背景的占比 26.9%，有优秀民企背景的占比 24%，有外企背景的占比 17.4%；而在产业发展和研究、城市建设运营等核心岗位的专业人才，大部分由来自国内外一线咨询机构、国家智库、顶尖院校的各界精英组成。在识人用人上，推行德才并举的原则，通过优中选优、内部推荐、名校招聘等方式，保持团队整体素质持续提升。

"与城市同台"：华夏幸福产业新城"全流程综合性整体解决方案"涉及的岗位涵盖了规划设计服务、土地整理服务、基础设施建设、公共设施建设、产业发展服务和城市运营维护在内的方方面面，人才结构的多元化为员工在城市量级的发展平台上实现跨专业、跨领域、跨部门、跨区域的发展提供了广阔空间。

"'聚梦华夏，同创幸福'，我们一直坚信产业新城是一份值得为之拼搏奋斗的理想与事业。对于每一位华夏幸福的员工而言，无疑是'与幸福相遇'。"袁刚先生介绍，"在雇主品牌的宣传上，有一张海报，画面是一位成年人拉着一个小孩的手，俯瞰眼前的城市，好像在说，看这座城市，有你父亲（母亲）为城市发展留下的足迹，这是一段精彩的人生路，是一个幸福梦。"

随着企业发展从点到面，从国内走向国外，华夏幸福不断升级雇主品牌战略，推动企业进入高质量发展。近几年，华夏幸福从基业长青的战略角度，着力打造认同"诚意正心干好产业新城"理念的优秀中高级管理与专业人才梯队，以人才配置内部优先、外部招聘作补充的原则，促进内生人才成长，提升组织的活力与造血功能。

## 内生动力：大胆任用年轻人

根据业务发展需要，华夏幸福的人才梯队建设随需而动，未雨绸缪，通过分类分层的结构化培养方式，建立了六级人才培养体系，从六级到一级，储备3—4年、1—2年、随时可上岗目标职位的人才，为企业可持续发展建立管理者、业务/职能专家人才资源池。

为保持组织创新力，华夏幸福大胆任用年轻人。据统计，华夏幸福员工平均年龄为33岁，核心管理层平均年龄为38岁，是一家人员结构以85后为中坚力量的年轻化的企业。这支年轻、果敢、富有激情的团队，让产业新城事业与员工职业发展拥有了无限的可能性。

为构建可持续发展人才梯队，华夏幸福2010年启动了"常青藤发展计划"，旨在永葆基业长青，不断地为企业发展注入新鲜的活力与动力。根据实践效果,华夏幸福在 2017 年初升级该人才战略计划,成立常青藤发展中心,统筹规划及推动实施常青藤人才的选用育留,为关键岗位输送青年人才。

　　每年 7 月实施的常青藤启航训练营项目,融合了课堂教学、拓展体验、互动分享、角色扮演、沙盘演练、反转课堂等多种培训手段,使"常青藤"从学生成功转变为职场人,快速胜任岗位。在项目中,华夏幸福融入"诚意正心、务实进取、担当有为"的企业文化与精神,通过一年一度的常青藤比武大会,设置标兵赛、精兵赛、栋梁赛,鼓励常青藤们从自身工作领域出发,发现问题,思考问题,提出解决方案,不断提升自我,为公司解决痛点、创造价值。最终,通过比赛,表现优异的进阶人才库,成为储备管理人才。

　　常青藤发展计划 9 年来累计已招收 2 000 余名高校毕业生。

目前，常青藤群体占员工总数的 26.5%，硕博占比为 83%。袁刚先生表示："相当一部分'常青藤'晋升为经理或高级经理，为公司各条线输送了大批高质量人才，已成为公司的主力军与创新驱动者。"

实至名归，常青藤启航训练营项目作为优秀实践案例，不仅荣获被誉为"全球培训界奥斯卡"的 ATD 学习技术类大奖——卓越实践奖，同样也被列入"CBC- 中国商业人才发展案例库"。

随着产业新城业务快速发展，常青藤发展计划再升级。华夏幸福发起常青藤轮岗项目，鼓励经历过扬帆训练营和启航训练营的常青藤子弟兵，奔赴全国各地产业新城进行历练。轮岗的常青藤以下沉到区域为主，根据产业新城特色及企业区域化发展进程，遵循三个匹配原则，即匹配所学专业、个人意愿、业务需求，在本岗位或高度相关的岗位进行轮岗，学习并探索城市、产业和人居生活可持续发展的未来之路。这一措施有效升级了各区域人才质量，助力华夏幸福布局下的产业新城高质量发展。

与此同时，这种内部的人才流动，从总部到区域，从职能线到业务线，从城市建设到成本招采，从产业研究到产业招商，多样化的轮岗为员工的潜力开发提供了机遇，创造了诸多的可能性。通过多次轮岗走上高级管理岗位的成功职业发展案例不胜枚举。

## 着眼未来：为行业发展蓄能

为使组织在前瞻性战略的执行上迸发出源源不断的新能量、新力量，华夏幸福不遗余力地投入员工的培养与发展，致力于构建学习型组织，并成立了华夏幸福大学。企业大学持续围绕公司的核心战略与业务变革，构建了完整且具业务特色的培训体系，为企业自身及行业的发展提供了能量源泉。

以"领导者培养领导者、专家培养专家"为理念，华夏幸福视每一位拥有专业知识和技能的员工为宝贵财富，将实操经验丰富的业务骨干、各层级管理者培养成为专家讲师，沉淀与传承内部的知识与技术积累。截至 2018 年底，华夏幸福大学拥有1 200 多位内部讲师，涵盖了从董事长、总裁到专家人才和资深员工，承担了 90% 的培训工作。值得一提的是，高管参与授课率达 60% 以上，专家人才累计授课时长近 6 700 小时，这一方式使更多致力于产业新城发展的员工得到知识与技术传授的滋养。

"依据培训受众与内容的不同，华夏幸福大学分别设置通用入模学院、产业新城学院、领导力学院。"袁刚先生重点介绍说，"其中，产业新城学院肩负了支撑企业自身及行业长远发展战略的重任。"

目前产业新城学院不负众望，建立了百余位内部专家讲师团队和二百余门专业课程，为行业发展培养了大批专业人才。其中，产业新城运营沙盘课程以生动而富有大格局思维的实战模拟，赢得市场高度认可，被授予"第十四届中国企业培训十佳版权课程"荣誉称号。

## 共享服务：提升运营效率

随着组织规模迅速扩大，华夏幸福优化组织结构，建立人力资源共享中心，搭建集中化、自动化、智能化的人力资源管理平台，用数字化转型支撑公司的业务拓展，提升人力资源作为战略伙伴的支持能力及自身运营效率。

袁刚先生表示："为业务增长提供动能是人力资源部门实现价值的根本。共享服务中心通过将事务性工作集中处理，提升工作效率，让更多的人力资源工作者从日常繁重的事务性工作中解放出来，从而去支撑业务发展，为企业创造更多价值。"

通过构建并精益运营共享服务中心，华夏幸福梳理、优化与完善了公司各个区域、事业部的人力资源管理流程，不仅提高了人力资源运营的效能，更是对人力资源团队结构化的调整与资源整合，推动了业务伙伴与专家中心的建设，建立了以业务为导向的创新人力资源服务模式。如招聘，通过共享中心集中进行职位需求、简历推送与甄选，与事业部招聘经理协同合作，保证了企业价值观与文化的统一，提高了工作效率与管理水平，建立了企业的人才库，实现了资源的优化配置。

## 跑步文化：北马的幸福力量

自 2016 年华夏幸福牵手北京马拉松，助力"益呼百应"公益跑后，每年的北京马拉松总能看到蔚为壮观的华夏幸福跑团身影。2017 年，华夏幸福冠名北京马拉松，"向着幸福跑"这一口号也让华夏幸福与北马完美合体。2018 年，华夏幸福跑团用脚步和汗水传递了北马的幸福力量。华夏幸福员工自发组织的啦啦队，成为一道靓丽的风景，带动更多的人体会跑步对人生的积极影响。

袁刚先生不无骄傲地说："马拉松已成为华夏幸福的一种文化。这种充满自信、坚持不懈、互相鼓励、永不言弃的运动文化成为一种精神力量，植入企业的发展。每年员工的参与积极性都非常高。"

不仅如此，华夏幸福关爱员工生活的点点滴滴，为保障员工无后顾之忧地迎接事业挑战，华夏幸福很早就建立了全面"幸福＋"关怀体系。袁刚先生介绍："'幸福＋'的关怀很贴心也很务实，对于公司内部流动性的员工，给了他们一种'家'的支撑，打造了包含幸福餐厅、幸福健身、幸福洗衣、幸福差旅、幸福体检、酷跑俱乐部、马拉松协会、萌妈工作室等在内的十三大幸福服务平台，全方位服务保障每一位员工的工作和生活，为每一个华夏幸福人的工作生活提供了全面保障。"

华夏幸福积极组织各种文艺体育活动，鼓励员工平衡工作与生活，激发员工满怀热情地热爱生活。如每年春季的长跑节、秋季的文体节，搭建起了全员参与的舞台，让员工在紧张的工作之余，放松心情，展现自我。此外，公司还设有"七会一社"八个群众性社团，包括书画摄影协会、足球协会、篮球协会、乒乓球协会、羽毛球协会、棋牌协会、马拉松协会及国学研习社，组织各类赛事和活动，让员工的业余生活丰富多彩。

## 立足当下：放眼未来

在雇主品牌建设上，华夏幸福立足当下，放眼未来，始终坚持以用户视角，关注员工在公司职业发展旅程的体验感受，不断优化升级。从优秀到卓越，华夏幸福凭借广阔的事业前景、不断优化的 HR 体系和面向未来的人才战略，荣获各类奖项，成为受欢迎的雇主品牌。如袁刚先生所言，华夏幸福的社会责任理念与企业使命统一融合，是华夏幸福事业发展与生俱来的幸福基因。这一基因在人才吸引、培养与保留中，正在焕发出越来越有意义的光彩，为产业新城的高质量发展及再升级提供新动能。

## ▶ 关于华夏幸福

华夏幸福基业股份有限公司（股票代码：600340），创立于1998 年，是中国领先的产业新城运营商。公司坚持产业新城及相关业务、商业办公及相关业务双轮驱动，截至 2019 年 6 月底，公司资产规模超 4 500 亿元。

华夏幸福以"产业高度聚集、城市功能完善、生态环境优美"的产业新城为核心产品，通过"政府主导、企业运作、合作共赢"的PPP 市场化运作机制，在规划设计服务、土地整理服务、基础设施建设、公共配套建设、产业发展服务、综合运营服务六大领域，为区域提供可持续发展的综合解决方案。华夏幸福紧抓都市圈发展机遇，已完成围绕北京、上海、广州、南京、杭州、郑州、武汉等全国 15个核心都市圈的布局，事业版图遍布全球 80 余个区域。

以"产业优先"为核心策略，华夏幸福凭借约 4 600 人的产业发展团队与自主创新的大数据招商平台，聚焦新一代信息技术、高端装备、汽车、航空航天、新材料、大健康、都市消费等 10 大产业，全面打造百余个产业集群。截至目前，华夏幸福已为所在区域累计引入签约企业超 2 000 家，创造就业岗位约 30 万个。

如今，中国已进入都市圈发展新时代，承载着促进都市圈高质量可持续发展的伟大梦想，华夏幸福将继续专注于产业新城业务，同时积极开拓新模式、新领域、新地域，探索商业办公及相关业务，为所在区域的经济发展、社会和谐、人民幸福贡献力量！

贝壳找房

雇主品牌
寄语

用你的潜能，驱动住的无限可能。

# 贝壳找房
## 我的队友会发光

**专访贝壳找房 HR 总监杨敏娜**

在房地产领域里，最为人津津乐道的事件就是链家网脱胎换骨式的商业模式转变，从直营升级为贝壳找房的平台化。这是链家主动进行的自我升级与变革，对一个组织来说，如果没有足够的自信，大概是不会有此勇气的。

"经历过贝壳校招都会有一些不同的认知，我身边的同学都说，贝壳的校招面试是体验最好的。在面试的时候，流程很顺畅，可以看到校招团队配合很默契，不管是 HR 还是面试官，从他们身上能感受到属于这个公司的气质，让人感到轻松和专业……真的很幸运，刚毕业的我就可以和鸟哥、教主一起为了改善中国人的住房体验而努力，想想都感觉自己超酷的！"

在贝壳的官网上，现就职于贝壳找房如视事业部，2018 年毕业于华中科技大学的黄乘风在鲜贝故事《我的队友会发光》里这样描述，标题意味深长。

对此，贝壳找房 HR 总监杨敏娜女士提道："对于面试官，贝壳找房的考核非常严格，只有拿到人才面试官资格的人才能去面试，只有优秀的人才才能吸引优秀的人才。"

无疑这道出了贝壳找房快速崛起背后的秘密，那就是富有吸引力的雇主品牌与优秀的人才支持。杨敏娜女士在担任贝壳找房 HR 总监之前，曾全面负责链家网高端招聘并兼任租赁平台运营及业务发展 HRBP，见证了产业升级及互联网快速发展阶段给不同行业带来的机遇和挑战，对此她最有发言权。

## 自我变革，向全行业赋能

杨敏娜女士介绍说，贝壳找房的价值观是：真实透明、对用户好、合作共赢、做正确的事。贝壳找房的人才策略也是立足于企业的愿景与价值观而开展的。

链家要做贝壳找房的想法酝酿已久。四年前，贝壳找房的雏形就已出现在了链家内部的讨论中。贝壳找房等于一出生就理解这个行业、消费者、品牌商家的痛点：如何共享房源，赋能交易。

从这个角度讲，贝壳找房平台作为链家网的升级版，因其扎实的根基，更务实、更接地气。区别在于，贝壳找房格局更大，不再局限于自行完成所有居住相关业务，而是通过开放共享，整合全产业链，连接更多能提供高质量服务的居住行业从业者，让平台拥有海量真房源，为消费者提供包括二手房、新房、租赁、装修、社区服务等全方位的居住服务。

　　贝壳的使命是，作为品质居住服务平台，面向全行业提供一整套工具和解决方案，将房产交易从签约、贷款到过户在内的整个流程全部覆盖在内，从营销、经营、数据和供应链等方面，为所有房屋经纪品牌及经纪人提供全维度、持续性的全面赋能，最终让其更好地服务客户端。而这样的平台需要技术和数据，这来源于贝壳的前身——链家网长期的数据积累与持续不断的技术创新。

杨敏娜女士强调说，贝壳找房的基因并没有完全脱离链家。链家孕育出的"楼盘字典"真房源信息系统以及 ACN（Agent Cooperation Network）经纪人管理合作方法论，在贝壳平台变得更加开放和透明，为驱动行业发展产生了价值。有了这些分析，贝壳找房在半年时间，实现全国 90 个以上城市、1.7 万家以上家门店的覆盖，这一成绩的取得就不足为奇了。

## 人才赋能，我的队友会发光

如何让原有的人才实现平稳过渡，助力贝壳找房快速发展，是贝壳找房要做的第一件事。其实，这是很多企业在面临转型时的典型做法。

这需要帮助原来的团队进行角色转换。杨敏娜介绍，贝壳找房的核心价值观是合作共赢，让别人长大，才能让自己长大，这是贝壳的发展观。贝壳找房的快速崛起和持续蜕变，核心是靠人才创新力的不断加持。贝壳找房聚集了大量深谙房产行业的精干的管理队伍，他们以坦诚开放的态度去实地帮助合作商家，将多年的运营方法论传授给商家。

此外，贝壳找房还开放了自己的 VR 技术，帮助合作伙伴完善升级房源信息；开放业务管理系统，帮助合作伙伴从各个维度提高其真房源管理能力；分享多元化的人才培训服务，协助合作伙伴提升团队业务能力。

杨敏娜进一步解释说，对于用户如此，对于人才也是如此。

贝壳找房人力资源所有核心的工作都是为了实现正循环。

针对企业的快速转型，在贝壳新房的高管队伍中，几乎人人都有着浓厚的互联网底色。杨敏娜也不例外，她个人曾涉猎互联网、智能汽车、咨询等多个业务单元，具有丰富的行业运营经验。

为了提高技术性、专业性的高度，链家人才策略的核心"经纪人＋工程师"组合也在悄悄地发生倾斜，向富有创新精神的智能化方向倾斜，向更专业的行业高度提升。这个过程中，工程师是不可或缺的人才。贝壳找房十分看重技术投入，截至目前拥有千人研发团队，庞大的算法开发团队，研发氛围浓厚、极客范十足。

应对转型，多数员工比较从容地应对这种改变，这和公司富有前瞻性的战略眼光是分不开的。在之前的发展过程中，公司非常注重大视角，注重自身行业素质与水平的提高，力求将员工的素质提升至全球水平，如澳洲、美洲等房地产业的专业素养。有了很强的学习意识与能力以及不断的积累与成长，相当一部分内驱力很强的员工就很容易感受到公司的理念与文化的转变，认同新的商业模式，自如地应对改变。

杨敏娜补充说，有一些进步缓慢且不能及时跟上企业发展步伐的员工，这种情况是不可避免的。但公司的人力资源团队会联合部门管理者采取不同措施，不会轻易放弃每一个员工。贝壳找房本身有短中长的发展目标，为员工提供的也不仅仅是一份工作，而是一份长期的职业生涯规划。

人力资源部门时常动态地和业务部门联动，梳理人才结构，从加薪、职业发展角度提供针对性的方案。让老人做新事，使内部人才有更大的成长空间。从物质到培训晋升到结婚生子到休闲生活，伴随员工在公司里的整个生命周期，从入职一直到离职，提供包括生日、结婚、生娃的祝福，买房租房的优惠和支持，甚至提供一些小的服务项目如按摩、放松，体育运动、年会等，全方位关爱员工，让他们感受到组织的温暖，同时给予积极的响应，形成一个正循环。

对于不适应转型期的员工，人力资源团队联合部门管理者自发性地组织战略沟通会，从高层直插到一线员工，明悉存在的问题与差距：适合新建事业部的，直接转职；能力存在差距的，联手贝壳学院与一线经理，通过技能提升做二次融入，通过轮岗、70－20－10模式，即70%的在岗学习、20%的辅导教练、10%的线上线下培训学习，给予提升。对于经过以上措施仍不适应的员工，分析其优势与不足，为其找寻合适的岗位。整体而言，组织会通过一些引导、影响与关怀，诱发员工主动应对改变。

在正循环构建上，贝壳的招聘策略是招聘最优秀的人，用优秀的人去吸引优秀的人，影响周围的人变得更优秀，有最优秀的产出，给他最优秀的回报。杨敏娜提到，当初之所以选择加入这家公司，很大原因在于首席人力资源官郑云端在业内的影响力，以及能与更多优秀的人才共事。

为实现人才赋能，贝壳找房的招聘渠道包括校招与社招，还有完善的线上、线下培训体系。校园招聘作为公司人才输入的核心渠道，高级人才主要通过社招。社招人才大多来自一线互联网公司，或正在快速成长的一些互联网公司。贝壳找房负责 VR 技术的"如视"事业部，绝大多数员工来自 BAT 等一线知名互联网公司。薪酬都是对标一线互联网公司的。

员工加入公司后，在生涯规划上，确保他们在纵向专业线与横向跨专业线的发展都有空间。贝壳学院为其成长路线建立了全程全方位的培训支持，从职场新人一直到首席技术官（CTO，Chief Technology Officer），都有与之对应的训练营，包括新人训、专业培训、领导力训练乃至海外考察等。

贝壳找房非常注重校招。"为有能力的年轻人提供空间和全方位支持"是贝壳找房一直以来的校招初衷。面向全国 2019 届毕业生，贝壳找房以"初生不凡，carry 全场"为主题，吸纳优秀毕业生加入"超神学院"，在入职之前，通过 5 天 4 晚的体验

日，让其了解感兴趣的工作，了解贝壳。通过专业人士及资深大牛引路，使其更快进入职场状态，加速进阶。贝壳找房还定期为员工提供升职培训，包括 ADC 项目等。ADC 项目是贝壳找房的人才加速项目，通过 9 门核心课程，从与人沟通、与事沟通、与自己沟通三方面打造贝壳职场人。

这就不难理解黄乘风的鲜贝故事"我的队友会发光"了："应届生在平台中能获取到的资源有多少，在这点上贝壳能给到的支持是别家企业无法做到的，校招生三年的定制培养、导师老司机一路指点、产品技术学院的专业课程、通用课程都是成长路上的加油站。"

对此，杨敏娜总结说，人才赋能实现了贝壳找房和员工的可持续发展。

## 智能无限，青出于蓝而胜于蓝

无论是链家，还是贝壳找房，公司坚守始终如一的权利观、组织的扁平化与沟通的平等性，不像传统型的公司一定要有规范化的被框定的流程，不需论资排辈，而都是相对公平、简单真诚的。

用杨敏娜的话说，人才特质也是一样，带着张力而来，带着活力而来，能够快速成长的，有着很强内驱力的人才都会被列为高潜力人才。让每一位员工都可以在这里快速迭代与成长，半年的时间里获得在别的公司需要一年甚至更长时间才能历练得到的能力。贝壳找房在雇主品牌的塑造上，以此为导向，融入智能科技，支持和加大员工自带光环的效应，让雇主品牌更富魅力。

**合作透明更突出和关键：**贝壳找房的价值观是真实透明，对事不对人，强调简单的人际关系。管理层和一般员工都是一样的，没有专属的办公室，办公场所都是开放的，在餐厅、车位等方面职级之间没有差异，都是先到先得。价值观和日常行为上，贝壳找房坚持真实透明，不说大话，做正确的事，注重服务意识与服务精神。而合作透明方面，贝壳找房做得更为突出和关键，它把行业经验与数据信息开放出来，真实透明地做更广的传递。

**强调洞察力，更注重人才质量：**除了认同企业的文化与价值观，杨敏娜解释说，互联网升级了行业的商业模式，使业务模式更具复杂化与挑战性。贝壳找房作为一个提供解决方案的平台，在住的领域，是很有前瞻性的，很多公司可以借鉴贝壳找房的模式，而贝壳没有经验可借鉴，完全是一种全新的探索，涉及新兴岗位的设置、工作细分、技术的快速迭代等内容。因此，在人才配置上，人才素质模型相应进行了升级，更注重人才质量，对专业化、全局观、领导力、服务意识、学习能力、洞察力等方面要求更高，还要有良好的开拓精神、解决问题能力、合作能力等。

面对快速的技术迭代，贝壳找房非常青睐具有一定洞察力，善于总结与发现的人才。他们能够不断复盘总结，通过一套模型，帮助企业解决更大的问题，并在新的环境下，不断吸收与升级他的模型。知其所以然，这些人才不需要很强的行业背景经验，但自驱力强，能够带来更多创新思想的碰撞。

**活力四射，不断进阶：**按照培训内容，贝壳学院分为融入学院、专业学院、领导力学院、品牌栏目。融入学院是贝壳学院中致力于新员工学习培训系统建设的模块团队。现已形成"社会招聘新人融入培训"和"校园招聘新人融入培训"两大培训解决方案。其中社招新人的"识贝之旅"平台新人融入训练营和校招新人的"超神学院 3 年培养计划"已成为贝壳新人养成的主力平台，通过"体力历练＋脑力历练＋心力历练"和"团队融入＋业务融入＋文化融入"相融合的培训方案，源源不断地为平台各战队和专业线输送最需要的合格的贝壳骨干与精英。

在贝壳，倡导人人都是领导者，每个人都需要也能够发挥领导力。贝壳将领导力体系分为自我领导、团队领导、组织领导、经营领导四个层级，通过 Just in time 给予员工及时的响应、培训支持，通过轮岗、带岗或专业学院等方式，培养各层级领导者，及时支持公司业务及人才发展需求。

除此之外，"壹 Ke 钟"与"贝壳 TED"在传统培训方式的基础上再升级，以新鲜、趣味、有价值、有深入的思考与分享，发挥员工自带光环的效应，展示员工的个人风采，为贝壳平台塑造了轻松活泼的文化氛围，更贴近新生代员工个性化的工作诉求。

**创新不断，玩出新高度：**杨敏娜提道："跟什么样的人在一起工作非常重要，跟什么样的人一起玩也非常重要。"为了丰富员工的生活，在基础活动上，公司设有贝壳社团大联盟，如篮球、羽毛球、跑步、足球、游泳、乒乓球、瑜伽、摄影社团等，很多时候大家产生的都是物理反应，一起出汗一起打拼。贝壳找房在此基础上，升级员工活动，面向全体员工开放了黑客马拉松大赛，以"未来生活"为主题的第二届贝壳找房 Hackathon 大赛于 2018 年 9 月中旬成功收官，贝壳找房 CEO 彭永东一起参与其中，大家一起烧脑，这个过程可能产生的是化学反应，让一种持续不断的创新开拓精神植入到企业文化中，深入到贝壳人的血液中。

**引入黑科技，HR 智能管理升级：**2018 年 10 月，贝壳找房邀请到一位"机器人"，他叫贝 Max，24 小时为贝壳人服务，可直接帮员工开在职证明，5 分钟立等可取。不久，贝 Max 还会成为员工的 HR 百科全书，回答大家关心的 HR 问题。贝 Max 还有一位好朋友也在来贝壳的路上，它就是自助领用柜。

有了它，员工可以刷脸领各种办公用品，完全自动化、智能化。未来，还会有越来越多的黑科技应用到员工的日常工作中。

在升级外部服务的同时，内部员工的服务也在不断升级，专设了贝壳服务中心的综合服务台，囊括财务、法务、HR、行政、IT 五大部门，为员工提供一站式的便捷服务。HR 还开设了十万个为什么 HR 热线，HR 在线咨询等。为提升雇主品牌形象，人力资源服务还在持续不断升级中。

正如杨敏娜女士开头提到的那样：用你的潜能，驱动住的无限可能。贝壳找房以富有吸引力与创新精神的雇主品牌赢得优秀人才，再以优秀人才吸引优秀人才，形成贝壳找房持续发展的正循环，这一策略已经卓有成效。杨敏娜欣慰地介绍说："在雇主品牌的推广上，贝壳是相对低调的。但鉴于良好的市场口碑，贝壳找房 50% 甚至 70% 的经理级别以上的人才招聘通过口碑推荐。这些优秀的人才非常认同公司的价值观与文化，愿意接受这种复杂性，愿意承担更多的责任，创造更多的成就感而选择加入贝壳。"

这就是贝壳找房的雇主品牌塑造之路，凭借优秀人才的加持与科技创新，成功晋级，在住的领域，为行业的发展注入了新的活力与动力。在雇主品牌的创新道路上，贝壳找房以不一样的光彩，创造出令人震撼的能量！相信未来，贝壳雇主品牌还将散发出越来越耀眼的光芒！

## ▶ 关于贝壳找房

贝壳找房创立于 2018 年初，定位于技术驱动的品质居住服务平台。贝壳找房致力于聚合和赋能全行业的优质服务者，打造开放合作的行业生态，为消费者提供包括二手房、新房、租赁和家装等全方位的居住服务。

贝壳找房将继承和升级链家网在产品技术、品质控制和数据挖掘等方面的优势能力，继承和持续迭代大数据产品"楼盘字典"，研发和应用 VR 看房等创新技术手段，为消费者提供更好的服务体验。通过线上交易流程的可视化、线下的闭环服务和平台承诺，为消费者提供安全保障。未来几年，进入全中国超过 300 个城市，赋能超过 100 个品牌，连接 10 万家门店和 100 万职业经纪人，服务超过 2 亿社区家庭，推动行业正循环。

満帮

**满帮集团**

雇主品牌
# 寄语

大道至简，回归初心，始终不忘让
公路物流变得更美好的使命是照亮
我们前行路上的火把，也是引导这
艘航船勇往直前的罗盘。我们渴望
打造出一个不需要多加解释，潜在
候选人就能领会满帮集团所能给予
的工作体验、品牌文化和价值观。

# 满帮集团
## 让公路物流更美好

**专访满帮集团招聘总监杨峰**

**独**角兽是神话传说中的一种生物，稀有而高贵。这个词后来被引用到市场经济中，人们将市值超过 10 亿美元，具有无限发展潜力的创业传奇公司称为"独角兽"。满帮集团就拥有这些特质，被誉为智慧物流行业的"独角兽"。

满帮集团的诞生，来自运满满与货车帮的战略合并。作为国内首家基于云计算、大数据、移动互联网和人工智能技术开发的智慧物流信息平台，满帮集团发展迅速，截至目前，业务覆盖全国 339 个城市，平台认证货主 225 万名，认证司机超过 700 万名。

对于满帮集团而言，在发展中具有不可替代作用的事业吸引力与雇主品牌影响力是非常重要的。为此，特邀在人才招聘管理领域拥有丰富经验、时任满帮集团招聘总监的杨峰先生，为我们解读公司快速发展背后的传奇力量。

杨峰先生表示："只有当一个企业立足于解决社会问题时，社会才会更好地反哺企业的发展。在中国经济大发展的背景下，让公路物流变得更美好，是社会发展中一个亟需解决的重要问题。满帮集团在'互联网＋物流'行业内作为标杆企业，让我们看到这个平台的未来发展不可限量。它所承担的社会责任和公司秉承的美好愿景，是吸引我加入满帮集团的重要原因，也是很多员工选择加入、为之愿景而奋斗的原因。"

## 满帮传奇：铁军文化指引前行

中国万亿级货运物流市场巨大的增速提效空间和痛点，是满帮集团发展的基石与动力。杨峰先生介绍，集团旗下运满满成立之初便建立了"让公路物流更美好"的愿景与使命。根据公司的发展战略，为了让更多的用户注册使用平台，公司实施了线下驱动线上的地推方式。

提及集团今天拥有的市场地位和份额，这种市场推广策略无疑起到了巨大作用。与普通地推相比，货运平台推广人员的处境较为艰辛，主要对象是物流园与停车场。善于发掘年轻人潜力与激情的公司，凭借着事业背后的意义与价值，吸引与聚拢了一批认同公司价值与发展的人员。这些优秀的地推人才凭借着卓越的执行力，让平台在司机与货主之间建立起了良好的口碑，助力公司迅速发展成为全国最大的车货匹配平台。他们被誉为"满满铁军"。

公司有很多"90后"，凭借着对平台事业价值的认可，放弃安逸的工作，走遍大江南北，了解用户的需求，倾听用户的声音，甚至下雪天、深夜仍在为用户装机。用他们的话来说，平台的愿景让他们实现了自我价值，有了更高的人生追求。

伴随着企业的规模化发展，公司快速提拔与任用年轻人，把他们安排到企业希望拓展布局的主要干线省份。他们如星星之火，以流动作战的方式布局到各个城市，一边开拓市场，一边进行团队成员的扩编。就这样，平台一路从南京起家，沿着沪宁线，顺着沿海地区一路向南推进，进而迅速完成了全国化的快速布局。

杨峰先生表示，满帮集团的传奇还在继续谱写。身为招聘负责人，让他最有成就感的，就是为企业不断引进认同企业价值观的核心优秀人才，每天创造着属于公司及行业的奇迹与惊喜。比如满运宝团队，不到一年的时间就做到了单月交易额 30 亿元的骄人成绩。

## 客服行业神话：巾帼也顶半边天

满帮集团在成长中不断积淀企业文化，很早就建立了"铁血执行、拥抱变化、团队合作、结果导向、诚信担当、以奋斗者为本、以客户为中心"的"北斗七星"价值观。

然而，作为一个智慧物流信息平台，和单纯的线上服务不同，很多司机与货主的纠纷需要线下解决。为了建立一个完善的服务标准，公司成立了服务站，设立了服务体系。在快速发展过程中，女性员工撑起了服务体系半边天，占比达 40%。在客服中心，女性员工占比更是高达 90%。

针对女性员工的管理，公司积极强化入职、培训、晋升等权益，不断提高对女性人才的培养。办公区还特别设立了图书角、母婴室、茶点休息区，方便她们休憩与学习；定期举办"满心计划"体检、中医把脉问诊、太极拳课程等活动，呵护员工的身心健康。

不仅如此，公司将服务进一步延伸与丰富，成立了妇女联合会，并将女司机、卡嫂纳入工作范畴。公司开创妇联建设先河，首次将"女性卡车司机、卡嫂"纳入工作范畴，在保障女性权益，解决女性同胞工作中遇到的难点、热点问题的同时，定期邀请健康类专家开办知识讲座，邀请法务部门员工入会，为广大女性提供免费法律援助等，进一步保障女职工、女司机及卡嫂的权益，向物流行业女性传递更多温暖和关怀。

满帮旗下运满满还和南京雨花台区妇联联合举办了"走近卡嫂的真实生活"活动，并联合发起了首届"最美卡嫂"征集活动，为女性卡车司机及"卡嫂"谋求更多福利，推动社会加大对女性物流从业者的关注。

"内强素质、外树形象"的措施使客服中心的服务流程与服务能力得到不断优化与提升，服务内容不断丰富延伸，创造了月均接通率95%以上、满意度99%以上的客服行业神话。匠心所至，实至名归，运满满客服中心先后获得了南京市"巾帼电商服务站示范基地"、南京市"三八红旗集体"等荣誉称号。

此外，运满满以"赋能物流人"为基础，从各个层面参与公益，提升卡车司机的职业尊严感和社会关注度。运满满发起了属于卡车人的首个盛大节日，连续举办"卡车司机节"，以及"爸爸带我看世界""为卡嫂点赞"等活动，将平台的关爱延伸到卡车司机家庭。未来，公司还将建立一系列司机驿站，为卡车司机提供智慧化、自动化、一体化服务，提升卡车司机的工作舒适度和幸福感。

## 发力智慧物流：高端人才聚集地

集团旗下的运满满从创业开始，就具有很强的互联网基因，由阿里巴巴、工信部、德邦、普华永道、大众点评等多名高管及业内专家共同组建。随着规模不断壮大，对于高端人才的需求也与日俱增。平台在智慧物流领域不断布局和发力，与北京大数据研究院及北大鄂维南院士团队联合成立了"未来产业大数据研究院"。校招岗位覆盖大数据、物联网、云计算、无人驾驶、视觉设计等多个模块。为了发挥创新人才的社会价值，增强与高校的联系，平台通过组织 YMM-TECH 算法大赛，向全球征集更智慧的解决方案，优化车货匹配体验。

"满帮集团已成为国内干线物流领域车货匹配最大的移动互联网'独角兽'公司，也是一家技术驱动型高科技公司，正在搭建的 AI 智能调度平台、无人驾驶业务等新技术，都在助力公司业务的不断成长。"针对企业在智能领域的发展，杨峰先生满怀自豪之情，"在这个过程中，人力资源需要做好人才管理，通过外部人才引入、内部培养、良好的激励机制、创新的团队文化等措施为公司战略实现助力。"

杨峰先生介绍："在人才招聘与管理机制上，我们敢于招聘能力强的人，引进有丰富项目经验的人才，为公司注入新鲜血液，打造长远发展的人才梯队。作为一家年轻的公司，我们的员工平均年龄为 25 岁，大多数是 90 后、95 后，他们日益成为公司发展的中坚力量。作为一家以创新与强大技术驱动的高科技公司，我们先后推出了线上定金、信用评分、满运宝等功能，改善了行业生态。这些创新的背后，隐藏着无数次试错，也隐藏着团队成员的不懈坚持。"

在员工培训发展上，杨峰先生补充说："我们有系统的培训体系帮助员工成长，如满满人学，通过线上、线下多种学习渠道，让员工自助选择学习方式，合理利用碎片化时间。针对产研体系，通过定期组织技术论坛（内部称之为演武堂、罗汉堂）、技术开放日，把外面的知识带进来，在内部流动起来。在公司内部，通过'声临其境'栏目，充分打通上下级的沟通渠道，让员工真实发声。"

为了凝聚更多的高端人才，公司在薪酬体系上提供有竞争力的薪酬，给予员工充分的收入保障；在职业发展方面，为各岗位员工设计职业发展通道，激励员工自我成长和突破，引导员工良性发展；在激励体系上，有明确的激励考评机制、年终奖、职级晋升、涨薪机制等，支持业务不断发展。

在员工关怀方面，满帮集团努力打造开放的工作氛围。通过温馨的"政委"职能设置，发挥"知心姐姐"的价值，给予员工身心方面的关怀与呵护。"政委"会定期组织户外活动、团建活动，提升团队凝聚力。"政委"现在已经覆盖到最小一级的部门，及时赋予团队温度。

## 赋能平台：红色方向盘行动

杨峰先生表示："满帮集团作为中国互联网企业的百强，意味着在发展的同时，身上的责任也越来越重大。"

2016 年，江苏盐城市遭遇强冰雹和龙卷风双重袭击，在灾情非常严重的情况下，公司基于大数据建立的全国货运信息网络，为灾区提供科学、高效的运力支持，并于灾情发生当晚紧急成立了抢险救灾专项领导小组，调动全体成员全力投入救灾工作。

作为其中一员，杨峰先生倍感荣耀，他回顾说："我感受到了这个企业极强的社会责任感，所有人已经将对生命的尊重、对客户的关怀融入血液、融入企业文化、融入日常点滴。"

在 700 多万名实名注册重卡司机中，有一部分司机为党员。为此，公司党支部创建了"红色方向盘"，调动党员司机的模范带头作用，推进物流行业的健康发展。此外，公司还与南京交通运输行业联合开展"共产党员示范车""共产党员标兵车"创建活动，通过线上、线下融合，平台、企业联动，赋能行业发展。

在助力乡村振兴方面，公司通过智慧物流助推农村产业兴旺，提出载重力精准扶贫行动，即联合电商、供销平台，探索解决农产品销运"最后一公里"；产教融合，教育扶贫与当地校企合作，培育解决一批剩余劳动力再就业；定向寻找运输从业者，精准帮扶一批贫困家庭脱困等。与此同时，满帮集团还与陕西省洛南县签订精准帮扶战略合作协议，以产业扶贫为切入点，深度开展精准扶贫。

这就是智慧物流行业"独角兽"满帮集团的发展传奇。短短几年内，公司以人工智能、大数据等技术驱动为支点，以"让公路物流更美好"的愿景，凝聚了快速发展所需的人才，完成了从小到大的蜕变，促进中国公路运输行业进入了一个高效低空返的移动互联网时代，构建了繁荣共赢的公路物流生态圈。满帮集团也在积极推动出海计划，向世界输出智慧物流方案。相信卓越的雇主品牌形象将为满帮集团凝聚更多的国际化人才，为其在国际舞台的发展注入新的能量。

## ▶ 关于满帮

满帮集团是中国干线运力基础设施和大动脉平台。公司全心全意帮助司机和货主，助力物流降本增效，坚持以技术为导向，逐渐完成由平台型企业到智慧型企业再到生态型企业的升级。

目前平台认证司机用户 700 万名，货主用户 225 万名，业务覆盖城市 339 个，年度撮合成交规模达到 8 000 亿元，覆盖线路数量超过 11 万条。平台司机月行驶里程由 9 000 公里提升至 12 000 公里，空驶率由 38% 下降至 34%，月承运次数由 14 次提升至 20 次。同时，20% 的司机会通过平台选择加油服务，ETC 充值覆盖率 24%，保险覆盖率 16%，贷款覆盖率 15%。

中联重科

雇主品牌

寄语

通过雇主品牌知名度与美誉度的提
升，提高企业影响力与号召力，在
人才的吸引力与保留率提高上，达
到事半功倍的效果。

# 中联重科
## 弘扬匠心精神

**专访中联重科股份有限公司人力资源总监刘士启**

以"极光绿"为企业视觉识别主色调的中联重科，有着辽阔的发展视野。为适应不断做大做强、走向世界的品牌形象需要，中联重科 2000 年开始使用英文简称"ZOOMLION"，意为"呼啸的狮子"，体现了中联重科迈向世界、成为全球卓越企业的梦想与信念。

时至今日，作为一家全球化的公司，中联重科业务已覆盖全球 120 多个国家和地区，在东亚、东南亚、欧洲等全球 40 多个国家建有分、子公司，在意大利、德国、巴西、印度、白俄罗斯投资建有工业园，在土耳其、沙特拟新建工厂，并在全球

设立 40 多个分、子公司及常驻机构。

中联重科在海外战略上着眼于高端技术创新，2018 年收购了全球顶尖建筑起重机企业德国威尔伯特 100% 股权，高起点踏入欧洲高端塔机市场。中联重科股份有限公司人力资源总监刘士启谈及此，满怀自豪之情。正是中联重科的国际化发展战略吸引他加入，有着丰富跨国管理经验的他，希望在这里充分发挥经验值，为企业发展助力。

如刘士启所言，荣耀背后是中联重科 60 余年深耕塔机行业的传承、创新与执着。此次并购也符合中联重科聚焦工程机械板块的发展战略。在智能化、精细化、国际化等方面，中联重科已进入了新一轮以高质量发展为特征的持续上升通道。相应地，在雇主品牌建设上，中联重科也在持续不断地升级。

## 跨国并购：本土化管理模式

中联重科的创新模式强调国际化的技术、人才、销售网络、管理经验方面的协同整合，最终实现了完全的自主创新，实现了快速超越，为企业的技术进步提供了源源不断的动力，提升了中联重科产品的国际竞争力。从英国保路捷到意大利 CIFA，从荷兰 Raxtar 到德国 m-tec、威尔伯特，中联重科跨国并购硕果累累。通过深度协同，中联重科研发出系列碳纤维臂架泵车，实现了前沿技术与工程应用的完美结合；通过买断全球顶尖的德国 JOST 平头塔系列产品技术，实现了塔机技术从中国领先到国际领先的跨越……

刘士启先生介绍："在海外市场的拓展上，并购是中联重科迈进国际化的一个战略部署，秉持'集合、聚焦、本土化'的战略中心思想，中联重科以'走出去、走进去'的海外布局思路，扎根本地市场。中联重科依靠本土化管理模式，给他们独立的管理权限，利用本地化的人才、资源、运营模式，融入目标市场的本地文化和氛围中，消除中外企业文化的差异，增强对国外人文环境的尊重与理解，实现了共赢甚至多赢。"

在国际化发展中，中联重科董事长詹纯新非常重视公司的企业文化建设，2002 年至 2003 年，与进行公司文化专项研究的博士后队伍，提炼并提出了中联重科企业文化核心理念"至诚无息，博厚悠远"。此后两年，通过全员参与的方式推进企业文化建设，丰富完善了一系列分支理念。

"为融入国际经济产业生态，中联重科一直坚持以'包容、规则、责任、共创、共享'国际化五原则与企业精神，形成技术、市场、产能等全方位的协同机制，结成紧密的利益共同体。"刘士启先生表示。

凭借这些原则与精神，在"一带一路"倡议建设格局中，中联重科深耕东南亚市场，彰显中国力量，其起重机产品在马来西亚市场占有率高达65%；在泰国，已成为当地人熟悉的中国品牌。

在国际发展上，中联重科实现了从输出产品、技术，到输出标准的跨越。中联重科成为获得国际区域准入资质数量最多的中国塔机制造商。2012年，国际标准化组织/起重机技术委员会秘书处也从英国迁往中国，落户中联重科。2017年6月，中联重科主导的国际标准ISO19720-1《建筑施工机械与设备混凝土及灰浆制备机械与设备第1部分：术语和商业规格》出版发行，成为业内中国企业主导的第一个国际标准。

为推进本土化人才战略的全面实施，中联重科持续开展境外基地本土化人才的培训。其中，以"技能＋语言＋法律＋标准"的人才培养培训模式，中联重科与湖南工业职业技术学院合作，组成项目培训团队在泰国、巴基斯坦开展了300多人次的当地服务工程师及客户操作人员培训。

针对国际化的人才需求，在人才战略上，中联重科实施了雄狮计划与幼狮计划。雄狮计划侧重于管理梯队的建设与培养，引进稀缺的国际化高精尖科研人才与管理人才，包括与国际化的培训机构或国外大学等合作，培养或引进有一定管理水平与格局的人才。刘士启举例说，目前中联重科在和德国的一些大学合作，学生来自中国，通过语言、思维方式、国际化知识的学习，毕业并在中联重科德国的公司工作一段时间后，愿意回国的，回流到国内支持企业发展，形成一个国际化人才培养与流动的模式。幼狮计划侧重于管理培训生，通过对研发、营销、售后人员、技工等职能的人才培养，为企业的持续发展助力。

## 智能制造：从管控向赋能转型

伴随着中国制造业的发展，中联重科积极推进战略转型，在产品智能化、制造数字化、管理信息化、服务智慧化方面进行探索，推进"制造业＋互联网"的领域创新，致力于打造成全球领先的高端装备制造服务企业。

在智能制造领域，中联重科围绕"互联网＋"与"工业4.0"，通过模块化设计、智能制造、大数据服务，推出了"有大脑、能感知、会思考"的全新4.0产品，实现了"产品在网上，数据在云上，市场在掌上"。如面向工程机械用户的设备管理应用"智管"和租赁业务管理应用"智租"。"智管"产品通过采集真实的设备数据，对数据进行深入分析，为客户降低设备使用成本，提高使用效率；"智租"产品实现了从设备采购到财务开票一体化流程管理，支持与阿里巴巴钉钉同步，极大地提升了租赁用户业务的管理效率。农机产品初步实现了自动驾驶、自动收割、智能烘干等功能，并建有农业装备物联网平台，可实现农机信息及时反馈等远程控制功能，压路机、挖掘机实现了自动追踪预设轨道行驶的无人驾驶，提升了人工智能技术在工业领域的应用。

值得一提的是，云谷工业互联网平台 ZValley OS 进一步实现了中联重科从"设备生产商"向"制造服务型企业"的转型升级。通过该平台，中联重科高空作业机械智能工厂的生产数据、作业人员、生产状态与质量控制全部实现了"互联互通"，所有参数可以通过平台采集，保证了生产制造过程的质量参数可控。对比行业标杆企业，中联重科的自动化率从 40% 提高到 77%，人员效率提升 50% 以上。

在常德，中联重科建造了行业全球唯一的一座应用智能控制技术、智能产线技术、智能物流技术、智能检测技术的塔机智能工厂。智能产线高度集成，通过平台实现了企业 ERP、SRM、CRM 等信息化协同运行，生产交付周期优化将近一半，制造过程绿化率提高 50%。

然而，创新驱动模式离不开人才，刘士启先生介绍："在这种趋势下，人力资源管理模式以'变革推动者、战略业务伙伴、员工领跑者'为角色定位，助推公司转型升级。基于公司战略，人力资源管理中心解码出公司人力资源战略，即人才在公司优先发展的人才战略，一流人才一流薪酬的薪酬战略，调动员工积极性和潜能的绩效战略。"

为更好地支持事业部发展，刘士启与团队结合变革趋势，通过人力资源三支柱模式，梳理人力资源的架构与规划，强调对客户需求和业务需求的关注。通过人力资源业务合作伙伴（HR Business Partner，简称 HRBP）对业务需求的承接，整合并实施人力资源解决方案；通过人力资源领域专家（Center of Expertise or Center of Excellence，简称 COE）的功能，提供专业化的人力资源管理咨询；以共享服务（Shared Service Centre，简称 SSC）为导向，实现人力资源服务共享，卓越运营。

在人才配置上，中联重科建立了职位胜任力模型，精准引进能力素质符合企业转型升级需要的人才。利用半年时间，孵化出基于云计算、物联网、大数据、人工智能、区块链等新兴数据技术的公司"中科云谷"，专注于为传统产业领域赋能，驱动传统商业模式变革。在动态的人才管理过程中，建立管理、专家人才发展双通道，通过持续化的人才盘点找出现有员工能

力与岗位需求之间的差距，分层分类制定雄狮计划、幼狮计划等人才发展项目。

在企业文化活动中，通过持续开展"极致工匠精神""做合格中联员工""四精文化""责任文化"等系列活动，以核心价值观统一思想、牵引共同愿景，将创新、匠心精神渗透到活动中，重塑员工思维方式，使员工注重提升的技能与企业所需的能力相匹配。

在激励机制上，进行"价值共创、利益共享"的变革，实现由点到线到面的立体延伸。科研人员激励全面实施，研发人员收入与产品市场表现挂钩，产品研发"与市场共生、与产品共存、与社会共享"；技术工人计时制薪酬变革，搭建培育"工匠"的平台；服务人员薪酬改革，回归服务本身；管理人员薪酬变革，收入与市场接轨；推动骨干股权激励计划，使员工与企业发展休戚与共，形成利益共同体。

刘士启表示："通过这种变革，实现企业的人力资源管理从'管控'向'赋能'转型。不再只强调制度、流程、规则等基本规范化的'左脑'管理，而是提倡激发员工的自我驱动，挖掘员工的潜能，提升员工的体验和敬业度，把企业建设成赋能组织的'右脑'管理思维。"

基于"激活""激励""激发"三大原则，中联重科针对新生代员工建立了可持续发展、有竞争力的薪酬福利体系与路径清晰的人才发展体系。鼓励和培养新生代员工成为项目经理，目前已有不少 90 后逐步成长为部门负责人。及时肯定新生代员工的业绩与成果，针对典型个人、事件和项目，在公司 OA、中联报、对外互联网平台等媒体进行宣传，如通过"成长在中联，奋斗青春最美丽"故事分享会等形式，倡导正能量。提供个性化福利，除常规节假日休息外，设立驻外员工探亲假在内的多元化带薪休假制度，提供免费洗涤工装、班车、工作午餐及配备设施齐全的员工公寓服务；为员工发放生育、结婚福利金，生病住院、亲属去世慰问金等特别福利；实施和推广"健康管理计划"，提供全员免费健康体检，并对接触职业危害因素岗位员工组织到定点资质医院进行"上岗、离岗和岗中"职业健康体检，岗中体检一年一次，为员工持续发展提供原动力。

## 聚焦做精：弘扬极致工匠精神

李传泉国家级技能大师工作室全面升级改造引起社会关注，作为中联重科人才培养、技能培训的重要平台，此次工作室在场地布局、规划等方面进行了重新设计和整改，展现了公司在技能培训、精益制造、大力弘扬工匠精神方面的新形象。

从普通学徒到国家级技能大师，李传泉的职业传奇与中联重科的发展有着很深的渊源。李传泉凭借勤奋和用心，从学徒、技工、高级工到技能大师，就像打磨一款产品一样，从各方面磨砺自己，掌握了起重机吊臂制作技术。李传泉最为自豪的成果当数被誉为"风之子"的全球最大吨位的QAY2000全地面起重机。该产品创造了三项世界纪录：起重能力世界第一、臂架长度世界第一、负载行驶能力世界第一。

为了将李传泉掌握的技术在全公司推广开来，公司提拔他成为一名一线管理人员，负责"传帮带"。他十分乐于分享，倾囊相授。为表彰李传泉为公司及行业所做的贡献，2012 年 3 月，中联重科向国家人力资源和社会保障部申报了"李传泉技能大师工作室"，当年 11 月顺利获批并正式挂牌。

　　工作室最初由 20 余名技师和 10 余名工艺技术人员组成，且 90% 在全国、省市级技能比赛或评选中获得过殊荣，汇集了一批国务院津贴获得者、全国技术能手、中国履带吊调试第一人、中国汽车吊调试第一人等众多顶尖人才。工作室自成立以来，圆满完成了部分具有挑战性的吨级汽车起重机三大结构件试制生产及大吨位新产品成功试制等重大科研项目；制定发布了公司级电焊、冷作技工等级标准文件，培养技工人才约 600 人次，累计课时 3 000 多小时。李传泉和他的团队为企业未来几年全速推进吊臂研制国产化积累了大量宝贵的技术数据。同时，他还提出了瓶装气串联使用以提高利用率等众多高质量的合理化建议，每年能为公司增效达千万元。

　　国家级李传泉技能大师工作室的成立，开启了中联重科高技能人才队伍建设的新时代。"2015 年全国两会上，中联重科董事长詹纯新曾谈到，与全球领先的装备制造企业相比，中国企业不缺技术，而是缺少一种'工匠精神'，如果不唤起'工匠精神'，中国就谈不上成为世界制造强国。"在采访中，刘士启先生特别提道，"中联重科始终坚持以'工匠精神'培育人才，只有组织里每个分子做到了极致，整个组织才会充满生机和活力。"

为培养和建设知识型、技能型、创新型的技工人才队伍，弘扬劳模精神和工匠精神，中联重科通过"做合格中联员工"的活动，将责任意识、敬业精神和能力水平融入日常的工作中，并在此基础上进一步深化，重点开展了"做有极致工匠精神的员工"活动，引导全员争做极致工匠，制造极致产品，实现公司人力资源和中联人工作方式的深刻变革。

　　在技工发展通道上，中联重科不断完善，通过设立生产管理研修室、质量研修室、能手工作站，培养生产管理、质量管理人才与技能大师。在技能比武中，选拔的优秀人才进入三大研修室进行职业进阶技能培训，研修表现优秀的获得晋升，赢得职业发展先机。

　　为鼓励技术人员设计出更具竞争力的产品，中联重科启用技术创新体系，制定了行之有效的激励政策，技术人员的奖金与设计产品投放市场的销售利润挂钩，并参与分成；生产工人的考核从计件制改为计时制。改革后，无论是设计人员还是生产工人，都更注重产品质量，返工产品大幅减少。

　　不仅如此，中联重科进一步提升人才战略，开展了股权激励项目，不断扩大员工的覆盖数量，其中相当一部分是给予核心关键技术人员和骨干工匠的鼓励。

　　谈及此，刘士启先生激动地说："中联重科积极营造人才成长的环境，在不同的事业部，弘扬工匠精神，设置大师工程师，激发人才活力，希望能培养和造就出更多李传泉式的大国工匠和技能大师，保证产品质量，带动企业技术持续革新。"

# 校企合作：共谋人才培养大计

中联重科是最早推行校企合作人才培养模式的企业之一，曾与开封技师学院、西安职业技术学院、永城职业学院、湖南机电职业技术学院、怀化职业技术学院、常州交通技师学院等职业院校有着多年人才就业、交流合作等方面的合作，历年来有数千名学生到中联重科实习、就业。

在开封工业园项目建设工作中，中联重科与开封大学、开封市技师学院以"工学交替、产教结合"为原则，创立了"招工即招生、入企即入校，企业与院校双师联合培养"的技能人才培养新模式。其间，中联重科开封工业园不定期派技术专家、管理专家参与开封大学的课程教学或开展专题讲座，双方共同组建专家队伍及课题开发项目组，探讨具有职业特色的教学组织形式与方法。

随着企业规模化、国际化发展及产业升级，技工需求的不断增大与升级，中联重科在此基础上，进一步深化校企合作。中联重科与衡阳技师学院签订了《联合办学协议》，"中联电气班"在衡阳技师学院开班。中联重科人力资源总监刘士启先生与已有 16 年合作历程的湖南工业职业技术学院签署战略合作框架协议，宣布共建"工程机械中联学院"，双方在大学工程机械制造类专业建设和课程开发、实训基地建设、海外人才培养等方面进行合作。签约仪式上，中联重科还提供给学校一台价值 200 万元的混凝土泵车设备，用于学校实训教学和技术研发。

从订单培养到现代学徒制培养试点，从承接新员工培训到承办公司的员工技能竞赛，中联重科与湖南工业职业技术学院实现了共同育人、共享资源、协同发展的深度融合。湖南工业职业技术学院毕业生在中联重科表现突出，部分优秀校友已走向领导岗位，成为关键业务部门的负责人。

正是通过这种多元化的校企合作，中联重科培养了所需的实用型技能人才，造就了一支贴近企业实际需求的高素质技工后备队伍。

## 聚集新势能：爱心回馈社会

正如中联重科在企业文化中对品牌领导力的诠释，品牌领导力是行业领袖才具有的一种能力，它既需要自身实力的支撑，也需要外部认同的配合。中联重科将"至诚无息，博厚悠远"的核心理念融入品牌打造之中，铸就其"以人为本、和谐发展、精进至诚"的品牌内核，让品牌领导力对内增强凝聚力，对外增强竞争力与号召力。

中联重科始终秉承"企业价值源于社会"的价值观，支持公益事业作为组织发展的一部分，提高员工的参与度与自豪感。公司积极参与国家各项重大活动，派出相关领域顶级人才全程参与。在国庆 60 周年庆典、纪念抗日战争胜利 70 周年大阅兵、庆祝中国人民解放军建军 90 周年阅兵，以及 2019 年的国庆 70 周年庆典中，中联重科均全程参与，倾情助力央视直播，"极光绿"的高端设备彰显了中国装备制造的风采。

　　"企业不仅要做国家经济命脉的支柱，当国家和人民面临危难时，更要勇为敢担重任的'脊梁'。"中联重科董事长詹纯新的一句话，深深地影响着中联重科全体员工。在自然灾害火速救援中，哪里有难，哪里就有中联重科的设备和员工。近年来，中联重科参与了汶川、玉树、雅安等地震救援和重建工作，还曾参与湖南 2013 年抗旱救灾、2016 年桃江抗洪救灾、2017 年宁乡抗洪抢险等救援活动。

　　在助力精准扶贫方面，中联重科持续开展公司为主、全员参与的"爱心改变命运"活动。作为湖南省慈善总会"爱心改变命运"慈善救助项目的发起单位，中联重科每年率先向项目进行捐赠，开展教育扶贫，是"爱心改变命运"项目中捐赠资

金最大、资助学生最多的爱心企业，累计帮扶 40 000 多名贫困大学新生顺利入学。很多贫困大学生毕业后加盟中联重科，成为雇主品牌建设最直接的受益者和传播者。

企业积极培育青年志愿者组织，提升员工的奉献与责任意识。2008 年 5 月，中联重科青年志愿者协会成立，2014 年加入中国青年志愿者协会，包括但不限于提供社会公益服务、扶贫济困、帮孤助残、青少年援助、环境保护等公益事业。近几年成功举办了"绿色出行，环保长沙""中联植造，幸福中联""汇聚青春力量，助力产业扶贫"、上善助残机构"'夏日送清凉'爱心援建和慰问麓谷园区绿化工人"、阳光特殊儿童服务中心"献爱心暖人心"送温暖活动、中联工程机械馆员工开放日志愿者导览活动、走进湘西州花垣县慈爱园区"助学筑梦铸人"爱心援建活动、岳麓区高觉田园残疾人托养服务中心"共享阳光，携手共行"结对帮扶等一系列丰富多彩的活动，以实际行动践行中联人的公益决心。

不仅如此，中联重科客户联盟爱心回馈社会，成立中联重科客户联盟爱心慈善基金会，并启动了"联湘惜育、联爱行动"助学活动。联盟客户代表通过自愿认捐的方式，募集资金共计 135 万元，用于捐建中联重科客户联盟龙山希望小学，并对品学兼优的儿童提供爱心助学金。

从人工智能、工业互联网的高位切入，到国际领先的塔机智能工厂建成，从"一带一路"沿线的布点落子，到超级创新场中联智慧产业城谋划建设、企业社会责任的积极践行，中联重科向市场传递着至诚至真、脚踏实地的文化基因。刘士启表示，他十分认可中联重科的价值观与发展理念，作为一家面向全球的创新型企业，他与团队将以敬畏之心，通过雇主品牌的建设与维系，增强对内对外的人才吸引与保留，为组织发展赋能。

▶ **关于中联重科**

中联重科股份有限公司创立于 1992 年，主要从事工程机械、农业机械等高新技术装备的研发制造。20 多年的创新发展，使中联重科逐步成长为一家全球化企业，主导产品覆盖 10 大类别、55 个产品系列、460 多个品种。中联重科先后实现深港两地上市，成为业内首家 A+H 股上市公司，是国内一流的高端装备制造企业。

中联重科的前身是原建设部长沙建设机械研究院，拥有 60 余年的技术积淀，是中国工程机械技术发源地。传承国家级科研院所的技术底蕴和行业使命，中联重科通过科技创新源源不断地推出有助于客户成功的产品、技术和整体解决方案。

中联重科工程机械技术引领地位稳固，成功研制出全球最大吨位内爬式动臂塔机、全球起重能力最大的全地面起重机——QAY2000、全球最长臂架泵车——101 米碳纤维臂架泵车、全球最大的水平臂上回转自升式塔式起重机、全球最高的登高平台消防车、中国首台 3200 吨级履带式起重机等一大批世界标志性产品。 中联重科的生产制造基地分布于全球各地，在国内形成了 20 余个园区，在海外拥有意大利 CIFA 工业园、德国 M-TEC 工业园、印度工业园、巴西工业园和中白工业园。公司在全球 40 多个国家建有分、子公司，以及营销、科研机构，为全球 6 大洲 120 多个国家的客户创造价值。

完美世界
PERFECT WORLD

# 完美世界

雇主品牌
## 寄语

每一个员工都能在幸福的职场中幸
福地工作，创造幸福的产品。

# 完美世界
## 营造幸福组织

**专访完美世界企业文化发展中心总监兼工会联合会主席王清平**

说起完美世界控股集团，影游行业都知道，这是中国文化企业"全产业链发展模式"的代表之一，旗下产品遍布美、欧、亚等全球 100 多个国家和地区，涉及影视、游戏、电竞、院线、动画、教育等业务板块，同时战略布局文学、传媒等领域。集团旗下的完美世界公司业务是目前国内最大的影游综合体，主要涵盖影视和游戏两大板块，影视作品《老有所依》《北京青年》《失恋 33 天》等作品，曾被作为国礼赠送给阿根廷总统。

商业巨头的快速崛起与持续发展，离不开卓越的人才团队与企业文化。王清平先生，现任完美世界企业文化发展中心总监，同时兼任完美世界党委书记、工会主席等职务。他介绍公司从 2004 年创立至今，公司创始人依然坚守创业初期提出的"真实直接、追求本质"的经营理念，在全公司倡导"快乐完美"的组织文化氛围，正是这种企业文化吸引他加入了完美世界。

加入完美世界后，王清平先生带领团队以前瞻性的战略眼光，统筹公司雇主品牌、企业社会责任等与企业文化理念内伸外延的关联工作，他带领团队自主研发建模的独具特色的雇主价值主张（Employer Value Proposition，以下简称 EVP）体系，得到了"雇主品牌之父"理查德·莫斯利（Richard Mosley）教授的高度评价。

## 规模化与全球化发展：
## 建立统一的核心价值主张

作为中国文化企业"走出去"的先行者之一，完美世界积极主动拥抱海外市场，坚持走精品化产品、国际化布局、多元化联动的发展路径，2008 年就在美国设立了海外子公司，开拓国外市场。

完美世界坚持国际化的布局与发展，具有十多年经验积累，在稳定发展的成熟阶段，在已经涉足的行业内享有优质的口碑，伴随着企业的规模化、集团化发展，企业开始寻求建立一个高知名度和美誉度的雇主品牌形象，提高企业对国际化人才的竞争力与凝聚力，有效地吸引和保留企业所需的目标人才，其中包含跨行业的目标人才。

在经历了前几年碎片化的雇主品牌建设之后，2014 年，王清平先生希望从提炼 EVP 开始，紧密地与企业业务发展战略结合，进行系统化的雇主品牌搭建，为完美世界的发展提供附加价值。为了塑造国际化的雇主品牌形象，使员工成为雇主品牌大使并自发地向外宣传企业的雇主形象，从雇主品牌的定位到 EVP 的萃取，都是王清平先生带领团队亲自操刀的。

在执行过程中，王清平先生提到首先要清晰雇主品牌的定义，关键是需要有统一的核心价值主张，在目标人群中有针对性地塑造雇主形象。王清平先生介绍："对于 EVP 的核心理念，我认为它是一种被发现而不是被创立的结果，如同企业文化一样，雇主品牌的灵魂与本质在企业创设之日起就已经不同程度地存在了，我们要做的就是进行系统性的梳理，使它更加清晰、简单明了地呈现出来。"

在整个过程中，王清平先生希望定位出来的雇主品牌是成体系的，是贴近员工、贴近企业发展战略的。所以，在 EVP 的萃取上，他非常注重员工的参与度，挑选各个年龄、职级、国籍的员工代表进行一对一的调研与深度访谈，鼓励员工参与到每个环节。其内容包括"最初加入完美世界的原因是什么""愿意留在完美世界的因素是什么""你认为完美世界在哪些地方可以进行优化"等问题。从内部员工维度提取出关键信息，萃取出完美世界的独特之处。

经过半年的调研，信息的分析与归类，完美世界正式推出了符合"快乐完美"组织文化氛围的、颇具个性特质的、以"有你才完美"为宣传口号、以"有梦·有趣·有你"（DIY: Dream·Interesting·You）为核心理念的完美世界EVP。以此理念为指导，通过优化资源组合，为员工提供良好的职业发展平台与组织文化，帮助员工最大限度地展现自身才华，与公司共同追逐完美梦想的实现。

"雇主品牌战略与市场战略、人才战略共同服务于企业品牌战略与业务战略，并在企业的社会行为、市场行为以及人才战略方面起到有效的桥梁作用。"王清平先生介绍，"完美世界对于'快乐'做出了自己的界定：员工的'快乐'源自员工在企业中的成长感、成就感和归属感。对'快乐完美'中'完美'的界定是，对职业梦想的完美追求、对技术创新的完美追求、对文娱产品精益求精的完美追求。这一'快乐完美'文化氛围的精心构建，也是印证了企业创始人的理念：让员工与企业同步发展，让员工有一个好的生活。"

"有梦·有趣·有你"，于完美世界的员工而言，是对于自己职业梦想的追求，对于快乐生活、快乐工作的文化氛围的追求，对其个体价值的认可；于企业而言，是对于长期发展愿景战略目标的追求；为大众提供优质的、能够为生活产生快乐的产品的追求；对于优秀人才的吸引与激励并与之共同成长、共同发展而言，是一种客观诉求。基于这一基本辨析与认知，营造一个多元化、包容性、持续创新、低风险运营的企业运营氛围，是企业一以贯之的变化中不变的核心要素，也为企业在国际化以及可持续发展中"如何去赢"奠定了人才战略基础。

比文化理念、价值使命更具有实际价值的是执行力。完美世界构建了"理念-实践-传播"三位一体的企业文化"三角架构"，在形式多样、丰富多彩的员工活动中，以符合新生代员工偏好和企业生态特质的游戏方式，融入企业文化理念，营造舒适开放的工作环境，以期达到"润物细无声"的效果。

工会作为企业内部基于共同利益而自发组织的团体，将企业文化建设当作重要的工作切入点。比如完美世界工会经过几年的探索，2013 年提出了"完美工会 ABC 工作模式"：以深度关怀员工为引力（Attraction）、以推动企业文化落地为抓手（Breakthrough）、以助推员工敬业度并传播雇主品牌为方向（Cardinal direction），提升和谐劳动关系，助力企业可持续快速发展。具体推进落地的过程中，完美世界工会把 ABC 模式细化为四个模块：文化推广（理念落地、雇主品牌、企业社会责任）、员工帮扶、健康管理和福利活动，以员工为中心逐层展开延伸，从传统的偏重于物转向重视员工的意识和需求，重视员工的价值。

## 新娱乐时代下年轻化战略：
## 建立员工幸福管理系统

以互联网黑科技为主导，以大文化、年轻化为特征的新娱乐时代已经到来。游戏是全球最先进技术如人工智能、VR等的最佳应用载体。新一代的年轻玩家会更关注游戏等产品对新技术的运用。同样，在教育领域，由人工智能驱动的技术提供了前景可观的下一代教育工具。

完美世界积极拥抱新科技、新技术，目前已经在多款游戏中运用AR技术，在教育领域也融入了许多新技术。完美世界拥有强大的游戏研发能力，研发团队成员占公司员工的60%。不仅在中国，在美国、欧洲等地，完美世界都拥有了国际化的研发团队，这让完美世界能够在游戏产品上始终保持着技术的领先性。如《轮回决》《梦间集天鹅座》，以及正在研发的《云梦四时歌》都运用了AR技术，为年轻玩家朋友带来更炫酷、更具沉浸式的游戏体验。代表新科技的VR游戏《深海迷航》是由完美世界的美国团队开发的。在幼儿教育方面，洪恩教育开发了《开天辟地》《万事无忧》《洪恩Teddy学英语》等软件，如今全国2万多所幼儿园、300多家培训学校正在使用洪恩点读教材，500多万名小朋友正在使用洪恩产品。

此外，面对产品的不断迭代升级，完美世界在人才的选择和发展方面也采取了一系列措施：一是吸收年轻团队。现在完美世界拥有一批平均年龄不到 30 岁的行业精英，用户和员工年龄差不多，可以说是同龄人为同龄人做产品。未来，完美世界将不断吸收更多年轻力量加入，为年轻群体打造更多文化精品，提供更多娱乐新体验；二是公司内部具有完善且全面的培训机制，推动员工专业素养和知识技能不断迭代、更新。作为一个持续型的学习组织，完美世界搭建起包括管理技能培训、专业技能培训、通用技能培训、企业文化类培训、语言类培训在内的培训体系，拥有工作日全覆盖的高密度的内部公开课，通过内部培训师的挖掘和激励，鼓励组织内部的经验分享和学习交流，不断提升员工的专业素养和综合素质；三是保证创意产业人才储备，培养游戏、影视等专业人才。完美世界在海内外拥有多支经验丰富的研发团队。完美世界教育旗下像素种子数字与艺术教育基地，致力于在游戏等数字文化创意领域培养设计、研发、运营等专业人才。

关于新生代的员工管理，王清平先生有着深刻的解读与认识，千禧一代是伴随着电脑和互联网发展长大的群体。互联网已成为他们生活中的一部分，他们的成长与技术交织的数字时代紧密相连。他们通常精通技术，灵活且充满创造力。在职场的发展方面，相比名利的追逐，他们更重视工作带来的趣味性、幸福感以及与生活的平衡。

面对如此一群具有活力、创造力的年轻一代，2017 年完美世界在原有 EVP 系统的基础上，针对"有你"板块通过一系列的探索，建立了"员工幸福管理系统"（EHS1.0），以为企业培养幸福员工、为社会创造幸福家庭为使命，将企业的目标、价值观和雇员在完美世界工作中的体验与经历结合在一起，提升品牌在潜在雇员和现有雇员心目中的价值，提升员工在组织中的敬业度与幸福感。

"'有你'的主要内涵就是对优秀人才的吸引、激励与发展，努力营造符合新生代员工需求与企业文化生态的员工幸福职场。从创始人的理念出发，完美世界是在从事着让人感到幸福的产业，因此，必须首先要使得从事这个产业的人感受到幸福！"王清平先生解释，"完美世界公司创始人、董事长池宇峰提道：游戏、影视、动画等都是能够在人的大脑中产生幸福感的产业，并且是直接产生幸福感，因此，完美世界进入的是一个生产幸福感的产业。完美世界企业追求的是综合成就的最大值，而不是利润最大值。"

从外部市场环境来看，作为一名雇主品牌建设的工作者，王清平先生长期关注公司、行业乃至整个社会人才的思维动态与转换。他前瞻性地分析，在当下的社会，越来越多的人才开始考量企业带来的幸福感，这意味着幸福建设是优秀企业发展的必然趋势。一个杰出的企业应该对外承担相应的社会责任，对内关注员工的身心健康和幸福。

王清平带领团队参考了大量的组织行为学研究，证实了提升员工幸福感有利于提高个体对企业的忠诚度、提高工作效率、提高创造力，更有利于员工之间形成良好、互助、和谐的关系氛围，有助于企业的可持续发展。在这一背景下，在原有系统的基础上，延展提炼出"员工幸福感"这个概念。

对于什么是幸福、如何获得幸福，无论学术界还是实际操作层面并没有一个统一的标准或界定。从心理学角度来思考，王清平与其团队总结出一个人的幸福感来自外部驱动和内部驱动，综合而言，在职场中幸福感与个体情绪，员工关系，工作本身的意义、目的及工作成就有着密切关系。员工的幸福感不仅与企业管理理念、管理风格有关，而且也与员工自我驱动有很大关联，如乐观向上、不抱怨、乐于分享、能换位思考，把挑战视为成长机会，在工作中寻找乐趣，有包容心，等等。

基于这样的理解与判断，完美世界前瞻性地建立了员工幸福管理系统。该系统采用"内驱动+"模式，以 EAP（Employee Assistance Program，即员工帮助计划）项目为核心，结合工作环境、内部文化、健康管理、帮扶关怀、持续学习及人才发展六大子系统，为企业培养幸福员工，为社会创造幸福家庭，将企业的目标、价值观和员工在公司工作中的感受与经历结合到一起，全面提升员工在企业中的幸福感。

## 传承匠心文化：
## 精耕细作"快乐完美"文化氛围

针对潜力人才的吸引，完美世界致力于打造优秀人才的培养模式。"校园招聘""创意大赛""高校开放日"等活动，帮助优秀人才走进完美世界，了解企业的品牌价值和需求；"全球青年领袖实验室"计划——由联合国教科文组织、国家教委及完美世界共同发起成立的国际青年交流平台，帮助中国广大贫困地区的青年获得宝贵的教育机会；像素种子（北京）教育科技有限公司（由完美世界教育投资并创立）则通过发现人才、培养人才，凭借现代化教学技术、丰富的国际教育资源、顶尖的国内外导师团队，为优秀人才提供内容资源丰厚、养分充足的土壤。

针对离职员工，完美世界认为"人才回归"也是企业文化的重要体现，更是雇主品牌的魅力所在。公司建立了"回聘"制度，通过与提出离职的员工的谈话，找出离职原因，建立离职员工档案。离职员工更是自发组织成立了完美世界离职员工组织"聚•时空"，意在表达无论"时空"如何变化，完美世界的"企业文化DNA"将大家紧紧地"凝聚"在一起。通过"聚•时空"，定期邀请离职员工参与公司内部的各项文化活动、援助那些患有重疾的离职员工……这一系列举措引起了离职员工和在职员工的极大反响。如今，已有不少离职的优秀人才本人甚至带领其工作团队整体回归完美世界。

完美世界的内部文化当中，最具有代表性的就是完美正能量。这个概念是在2012年底，由完美世界CEO萧泓博士提出的，号召全体员工践行完美正能量7条行为准则："积极主动、勤奋苦干、勇担责任、经验分享、坚持操守、不找借口、心怀感恩。"

完美世界发起由员工自己发掘、推荐符合文化理念的员工故事，并在企业内网公开发帖，在此基础上由员工选出正能量先锋给予重奖；将员工的故事通过各种自媒体向内向外传播，帮助优秀团队和个人获得政府、行业的各个层级的表彰与奖励。为了正能量准则的传播推广与落实，完美世界工会联合会、企业文化发展中心联手，组织发起面向公司全体员工的"完美正能量先锋"活动，员工在线推选、线下初评和复评。自 2013 年初发起在线推选活动至今，已成功推选完美正能量先锋 66 位，在公司内部引起员工的广泛推崇。

针对员工的心理健康，完美世界工会联合会早在 2012 年就启动了一整套 EAP 员工辅助发展计划。经过为期一年的试点，根据实际效果反馈与数据测试对比，完美世界工会发现"一对一"的心理咨询与辅导效果非常显著，而"24×7"小时的电话热线咨询人数非常少，原因是完美世界的新生代员工深受"真

**完美世界员工幸福管理系统（EHS）**

健身系统
射箭&舞蹈&摄影&篮球&足球
亲子&羽毛球&台球&爱跑&骑行

关怀&保障系统
员工&家属重疾保障
年度体检
礼金&慰问金

内部文化
EVP：有梦•有趣•有你
自由包容文化生态
完美正能量

培训系统
尖锋骑士
雷霆战士
完美经理人
完美大讲堂

工作环境
人体工效学办公场所
员工食堂&健身房
母婴关爱室&医务室
职工书屋等

人才发展
内部创业孵化机制
专业型人才晋升通道
复合型人才晋升通道

EAP
幸福心检　幸福辅导　幸福提升

1　2　3　4　5　6

实、直接"与"快乐完美"的企业文化价值理念的熏陶，非常愿意接受"一对一"这种最为直接的面对面的咨询方式。因此在 2014 年初，完美世界工会在全公司正式启动了"一对一"心理辅导项目，员工及其家属可以免费自愿参加。

根据参与该项目的员工匿名反馈，认为 EAP 项目对自己心理困扰的解决有帮助或者非常有帮助的比例超过 97%，整体效果满意度连续每年超过 95%。此项目先后被北京市总工会评为"职工心灵驿站"、北京市"优秀职工心理服务项目"。

完美世界关爱员工的身体健康，在完美世界大厦的二层，公司将约 2 000 平方米的楼层全部设置为健身区，并耗资近千万元，装修配置了专业级别的跑步机、瑜伽室、篮球馆等，还配有洗浴间，同时聘请了专业教练。无论是在工作时间或者下班时间，员工都可以根据自己的时间安排来这里参加健身活动。完美世界工会根据员工不同的健身偏好，专门在公司周边租赁了羽毛球馆、台球馆、射箭馆、篮球馆、足球场等专业场地，员工都可以免费参与其中，每年度参与者超过 2 000 人次。

在平衡员工工作与生活方面，完美世界不仅在大厦里设置了健身房，配备了专业的瑜伽教练，还先后成立了羽毛球、台球、射箭、跑步、舞蹈等 11 个健身俱乐部，定期开展健身活动，其中爱跑团、舞蹈、摄影、足球以及篮球等俱乐部多次在北京市、海淀区的各种企业员工挑战赛中获得优异成绩。此举得到了国家级与北京市级 50 多家媒体长期以来的关注与跟踪报道。

2018 年，完美世界工会联合会制定了"就享不一样"员工健康主题系列活动方案。活动以员工文体健身俱乐部为载体，从 3 月至 11 月，每月安排开展不同类别的俱乐部健身比赛活动，包括射箭、台球、足球、篮球、骑行、羽毛球、跑步等项目。对于一些表现优秀的俱乐部，工会将组织与子公司员工团队开展友谊赛交流。比如 2018 年在成都组织的足球友谊赛，也为俱乐部的员工与成都子公司的员工搭建了一个以球会友的沟通平台。

在配楼里，公司将近 6 000 平方米的空间设置为员工内部餐厅，由专业团膳公司为员工提供每日三餐健康营养的美味菜肴，定期组织美食节，让员工尝到各式各样的佳肴，深受员工称赞。

完美世界在很多方面加强了活动的参与感、趣味性和灵活度。每一个传统文化假日前夕，完美世界工会都会组织策划具有企业个性特质而且符合新生代员工心理需求的庆祝活动，比如大咖教授女神制作花艺迎接女生节、七夕游戏角色扮演单身联谊会、中秋节月饼 DIY 活动等。

完美世界鼓励创新，在员工趣味运动会中，设置的一个项目就是"创意跑"，员工可以参考游戏产品的角色特点，为自己创意设计运动服装。比赛时，这些穿着"创意服装"的运动员可以获得啦啦队点赞加分，极大地激发了员工参与健身运动会的热情。

这样的例子其实还有很多。对于完美世界，快乐完美的文化和创新如同生命体的 DNA，深植在企业的骨子里，并根植于每一位员工内心深处。

## 践行企业社会责任：
## 将公益活动与雇主品牌建设相融合

将中国传统文化融入游戏产品中，让"传统文化潮起来"，不仅为完美世界带来商业上的成功，更成为完美世界履行文化企业社会责任的重要方式。2011 年至 2019 年，完美世界 8 次位列中国文化企业 30 强，并且获评 2011—2012 年度、2013—2014 年度、2015—2016 年度、2017—2018 年度国家文化出口重点企业。

完美世界的社会公益区别于其他企业，在坚持"走出去"和"引进来"相结合的同时，肩负传播中国文化的使命，致力于通过蕴含中国传统文化的游戏、影视等文化产品促进中外文化交流。完美世界法国团队研发的西游题材横版过关游戏《非常英雄》，运用西方的视角和手法，将中国传统经典 IP《西游记》中唐僧师徒的形象融汇于色彩饱满的情景之中，使中外玩家对浓厚的中华传统文化产生兴趣，这款游戏在 2017 微软 E3 游戏展一亮相即好评如潮，并获得了法国 2018 年度 Ping Awards 最佳 PC 游戏与最佳游戏美术两项大奖提名。

在逐步开拓国际市场的同时，完美世界从中外青年文化交流入手，与联合国教科文组织等携手，进一步增强了中外青年的文化交流。

此外，在雇主品牌体系的基础上再升华，完美世界通过动员内部员工，调动员工积极性，让他们参与到一系列员工公益活动当中。

"心系山区教育·呵护童年梦想"是完美世界自 2015 年开启的一项员工公益项目。此项目由完美世界员工公益基金发起，通过外交部扶贫办，定点对云南省红河哈尼族彝族自治州的金平县进行贫困帮扶。支教前期，完美世界会在公司内部征集有特长的员工，让员工利用闲暇时间准备教课材料，通过筛选，最终决定前往云南支教的名额。每一年的公益支教活动，完美世界的员工都会踊跃参与。这项公益活动已成为完美世界的传统，很多参与了活动的员工还经常与当地的孩子保持着书信往来，时刻关注着他们的生活与学习情况。

每年 4 月，完美世界都会组织公司员工进行爱心义卖，所得善款如数捐给云南省贫困山区的孩子们。义卖期间，在完美园区"完美世界员工公益跳蚤市场"的摊位上，会看到绿植类、手绘类、DIY工艺类、游戏收藏类等小物品被摆放在各式各样的摊位前。完美世界员工热心公益，参与的热情非常高，在2018年第四届跳蚤市场上，员工义卖捐款数额突破了10万元。

通过这些丰富多彩的活动，完美世界将雇主品牌建设与公益活动相融合，倡导员工常怀感恩之心，行力所能及之善事。

## 匠心筑梦：营造幸福员工与幸福组织

实至名归，在雇主品牌建设上，完美世界连续获得中国最佳企业文化奖以及全球知名机构认定的最佳雇主品牌。完美世界工会成为全国模范职工之家，王清平先生也被北京市总工会、北京市人力资源和社会保障局授予"北京市先进工会工作者"等荣誉。

在完美世界十年的工作经历中，王清平先生表示完美世界EVP的发起与建立让他感觉颇有成就感，尤其是有一些员工因为公司的文化而不远千里选择加入，还有一些离开的员工发帖对企业的文化表示眷恋。然而，幸福员工与幸福组织的话题，虽然不断地被人们提起，但并没有明确的定义与案例，在营造幸福员工与幸福组织上，他与他的团队还需要孜孜以求，不断进取，对体系不断完善和升级。

用他的话说："作为目前中国最大的影游综合体，完美世界始终从战略角度关注人才、吸引人才、留任人才、激励与发展人才。完美世界一直坚信人才是企业成功的第一要素。处于一个人才竞争趋于激烈的环境中，建立一个良好的人才发展平台与幸福文化氛围，对一个可持续发展的企业来说，不言而喻，其意义重大而深远。"

## ▶ 关于完美世界

完美世界控股集团是国际化的文娱产业集团，拥有 A 股上市公司完美世界股份有限公司（深交所代码：002624）。旗下产品遍布美、欧、亚等全球 100 多个国家和地区；在北京、香港、上海、重庆、成都、海南等地皆设有分支机构，在美国、荷兰、法国、韩国、日本等地区设有 20 多个海外分支机构。目前，集团涵盖影视、游戏、电竞、院线、动画、教育等业务板块，同时战略布局文学、传媒等领域。

完美世界自 2011 年至 2019 年，8 次被认定为中国文化企业 30 强，并获评 2011—2012 年度、2013—2014 年度、2015—2016 年度、2017—2018 年度国家文化出口重点企业；2016 年荣获最具社会责任上市公司奖；2017 年荣获 2016—2017 年度中国最受尊敬企业；2018 年获得中国游戏社会责任企业典范奖。

迅雷
XUNLEI

迅雷

雇主品牌
寄语

我们希望大家想到迅雷这个雇主品
牌的时候，会觉得充满温暖与成就
感，也希望每一个与迅雷同行过的
伙伴，回忆起这一段经历时，感觉
是值得的。

# 迅雷
## 放大每个人的力量

**专访迅雷集团高级副总裁张帆**

求变是这个时代的主题，尤其是高科技行业，以快打慢、推陈出新已成应变之道。而迅雷作为一家老牌的互联网公司，想要在这个快速变化的时代找到发展机遇，对企业的业务能力和组织管理都有着不小的挑战。

过去，迅雷凭借一款国民级装机必备软件——迅雷下载，获得了超过 4 亿用户的青睐。时至今日，迅雷已经变成了一家拥有下载加速、区块链、云计算、影音娱乐等多款产品矩阵的互联网公司。从业务变化的理性，到人文发展的感性，迅雷似乎对这个以求变为主题的时代有着超强的适应能力。这背后究竟有什么秘密？让亲历迅雷华丽转型的迅雷集团高级副总裁张帆来解读最合适不过了。

## 管理变革：做有温度的公司

谈及为什么加入迅雷，张帆出人意料地只用了两个字回答——信任。

2014 年，迅雷成功在纳斯达克挂牌上市。这个企业完成了互联网公司第一阶段的发展任务，正在积极谋求转型。对于张帆而言，这样一个准备转型的迅雷，有着很多"想做而且应该做的事情"，这极大地点燃了她的好奇心。而更重要的是，迅雷的管理层对张帆给予了极高的信任度，让她放手进行组织管理变革。"并不是所有的领导都有这样的魄力，也并不是所有人都能有这样的运气。"于是，张帆义无反顾地加入了迅雷。

进入迅雷以后，张帆的第一感知就是"疑惑"。作为一家拥有十余年历史的老牌互联网企业，迅雷的团队有着颇为自豪的一面，大多数工程师出身的员工对迅雷扎实的技术功底引以为豪；但同时，团队也有着面对多变市场的焦虑——外部市场瞬息万变，迅雷却似乎在"老行当"里沉默得太久。这两种情绪的交叠，让很多员工感到"疑惑"：我们的技术是行业第一，但我们还能冲击新的领域吗？

在张帆看来，这样的疑惑是很多面临转型的传统企业常见的"思想问题"。不同的是，迅雷作为一家互联网公司，对市场环境的变迁更为敏感，大多数员工的技能并没有过时，而是由于十余年的步调惯性，难以迈出转型的第一步。更何况，迅雷依然服务着海量的用户，拥有极佳的创新潜能，正是需要优秀的人才与企业共同发展的关键时期。所以张帆决定，从重塑内部的感知开始。

要想扭转已经根深蒂固的观念并不比融化一块坚冰容易。作为一个拥有十几年历史的公司，迅雷的管理层和员工事实上已经产生了一些距离。对于普通员工而言，迅雷的掌舵者们高冷而自带距离感，缺少感性与亲和力。由于距离感而滋生的"疑惑"如果不积极解决，很可能在员工中形成"积怨"。而张帆认为，要解决团队的"疑惑"，最重要的是解决沟通和信任问题。沟通能使企业信息统一，信任能让团队思想统一。

事实上，张帆只用了一个简单的举措，就解决了这个问题—— Open day。他们用手写信的方式向员工发出邀请，员工

将自己的疑问匿名地返回到一个公共邮箱，由时任迅雷 CEO 的陈磊承诺对员工提出的问题百分之百真诚地回答。

第一期 Open day 开始那天，虽然大部分员工仍抱着半信半疑的心态，但被围得水泄不通的活动现场，还是透露了团队期待沟通的迫切愿望。张帆没有料到的是，第一次的活动就进行了好几个小时，CEO 对大到公司战略发展，小到餐厅饮食的每一个问题，都给出了真诚的回复。这一轮诚意满满的操作一下子赢得了员工的好感，同时也为团队的相互信任重新打下了基础。

后来，Open day 活动延续下来的扁平沟通，变成了日常沟通的机制。

## 雇主升级：定义 "X" 基因文化

Open day 解决了统一内部思想的问题，接下还需要重新明确一套所有人都愿意遵守的行为准则，这也是重新定义企业文化的过程。

很多人认为谈文化是知之非难，行之不易，听起来很美但落不了地，但张帆不这么认为。她认为一家企业的文化是"取之于民"的，每一个企业都有自己独特的气味，所谓营造企业文化唯一要做的，就是去发现和定义这种气味。

张帆带领团队花了大量的时间，用访谈这种形式寻找迅雷的气味。很多迅雷的员工在描述迅雷的魅力时，不约而同地选择了

"科技"和"未知"，他们认为迅雷作为一家科技感很浓的企业，充满了神秘性和无限可能。他们把这种未知具象到一个字母来描述——"X"。

张帆和团队在字母的基础上，对其文化内涵进行了梳理。作为迅雷新文化的一个符号，新的"X"由"人"字加一个点组成，这代表着几层含义：首先，X 的右下方是一个完整的人字，寓意迅雷以人为中心，同时也象征着每个人都有未被挖掘的潜力，与企业的愿景"放大每个人的力量"相契合；其次，X 象征着探索神秘未知的世界，这个符号鼓励大家充满好奇。对于正在转型中的迅雷而言，需要每一个员工在心态上都更开放、更积极，能享受转型这个体验，并敢于面对挑战；第三，X 本身是一个联结的符号，象征着每一个团队彼此是相连的。团队通过这种联结，将潜力释放到最大。

"文化是取之于民的，但酒香也怕巷子深，需要通过有趣的方式进行传播，而且文化的传播一定是一套组合拳。"完成对"文化"的升级后，张帆和团队开始在公司内部进行宣传。从员工普遍能接触到的视频、游戏等方式，到与日常培训相关的 X Class、X talk，他们甚至为迅雷的文化创造了一个节日——迅雷"X day"。每年的 6 月 26 日，迅雷全体员工会一起庆祝"X day"，这成了迅雷人的新传统。

"互联网的本质是放大每个人的力量，而我们只需要点燃每一个同事心中的火苗。"张帆说。

## 招聘思考：寻找同路人

调整好老员工的转型心态还只是第一步，在面临转型的关键时刻，如何在最短的时间内吸引志同道合的新员工，成了张帆要面对的第二个难题。

"我们应该聘用那些对公司足够了解又清楚地知道自己想做什么的人。"令人惊讶的是，张帆首先把目光锁定在了离职的员工身上。2018年，迅雷开启了"回巢计划"，并首次尝试向一批非常优秀的老同事发出了重新回来的邀请。

为表诚意，张帆亲自前往北京、上海等地与这些离职的老同事沟通，"跟得最久的一个人，我花了7个月的时间，跑了三遍他所在的城市，最终将他及其家人重新邀请回来"。精诚所至，金石为开，当初名单上超过六成的"老雷鸟"最终选择了回巢。

另外，张帆还在激发新生代的力量方面下了不少功夫。"激发这件事本身没有难度。他们本身就很有想法、很有活力。如何人尽其才，把他们的特点跟企业做结合、做应用非常关键。"针对 90 后、95 后新生代员工，迅雷积极地鼓励他们大开脑洞，并专设了"Mini 项目"。

　　"Mini 项目"是针对校招毕业生发起的内部孵化项目。毕业生们可以几个人组团，对一个好的想法或创意进行孵化，只要大家觉得这个方向有机会，就可以去尝试。如果业务方向是和迅雷未来发展相结合的，公司会在评审后给予资源支持。

　　"我印象比较深的是两个 2018 年的 Mini 项目。Mini 项目整个实施过程非常辛苦，毕业生要在三个月的时间里，在工作之余从零开始打造一个全新的项目，这需要他们打破工作的职能边界，用不同的思维方式解决问题。当然，他们最后获得了公司的资源支持，但最让我感动的是他们结业时依依不舍的眼神。"张帆说，Mini 项目的本意是激发年轻员工的创造力，但这个项目也让迅雷的招聘关注到了梦想的力量。

　　2018 年，迅雷以"造梦计划"为主题在全国开启校园招聘工作。与以往相比，这次招聘不再只关注个人能不能为企业创造价值，而是将关注点放在每一个候选人身上，关注这个人有什么样的梦想，能不能与迅雷一块走下去。

　　招聘上的不拘一格，让迅雷的新鲜血液富有激情和创造力。用张帆的话来说，我们是"一个很燃的组织"。

## 成长考评：让一切都更互联网一些

在员工成长和绩效管理上，迅雷也不同于大多数公司，而是显得更互联网范儿一些。

相比传统的人才培养模式，迅雷更注重企业与员工的"共同成长"。除提供一些专业类的技能提升课程外，还会为员工提供行业内的一些知识与经验分享和交流机会，组织跨行业如物流、手机移动端的专项交流，让员工了解不同领域里的工作，以及一些管理类的培训，如新生代90后、95后的员工管理等，还会在情商的培养与提升上，给予不一样的课程设置。

而在公司福利上，一些小细节让迅雷看上去更人性化。张帆说："每个人都不是孤立地存在于企业的，他有自己的父母、自己的家庭。所以我们希望赋予他更多认可的同时，也让他的家人感受到公司对他的认可。在关怀政策、福利政策上，我们会帮员工考虑到他的家庭，比如做互联网的加班非常多，可能陪伴家人的时间会减少，所以在每年的优秀员工激励上，我们除了给员工本人激励外，还会寄一份小小的礼物给他的家人，希望将这份价值传递给他的家人，让他的家人对他的工作多一些理解。通过这些一点一滴有温度的事情，让员工认定跟随企业共同成长。"

为了关注员工的整体健康，迅雷还启动了员工心理援助项目（EAP，Employee Assistance Program），为员工提供心理层面的疏导与培训。"开通400电话热线或预约心理咨询服务，是希望让大家有一个可以缓冲的平台，告诉大家不管发生什么，只要你需要，都会有人在默默地关注着你，为你提供帮助。"张帆希望企业的关怀能真正触达员工的心灵成长和健康需求。

而在绩效管理方面，迅雷也经历了一轮自上而下的变革。互联网公司有很多工作是通过多职能发散合作共同完成的，而传统的考核模式通常是根据汇报关系线形匹配的。为了让大家得到更多角度的评价，迅雷在考核模式上采用了"员工自评＋互评＋Leader评价"的模式，而非简单意义上的由直线老板做决策。然而这样看上去更公平的模式，在推行初期也遭遇了不小的阻力。

"改变传统模式，从管理层到员工都对这种新的变化反应颇大。"张帆回忆，"要让一个十几岁的企业适应'反管理'其实并不容易。但这种方式能够让员工获得更多授权，信息和沟通也更透明。"事实上，这个把管理权交还给员工的模式，不仅对员工自主发展提出了高要求，也对管理者的管理能力提出了挑战——不再是以管理权限来获得下属的认可和支持，取而代之的是专业的指导、良好的文化表率才能获得团队的认可。

如今，迅雷独特的考评已经执行下来。根据最新的员工满意度调查显示，几年来员工对迅雷的认可度一直在逐步提升，企业文化认可度排名靠前，领先于行业的平均水平。

## 结语

迅雷新的雇主品牌改革升级已初见成效，在感知上，打破了默不作声的气氛，"X"基因也唤醒了更多的生气及创造力。这种富有激情与创造力的文化精神影响着业务对转型升级，使企业对未来发展更加自信。

带着这份自信，迅雷在 2018 年不断推陈出新。2018 年迅雷 X 的正式版也光荣上线，一经问世就迅速在市场上掀起波澜。老用户赞叹迅雷在细节上的改变，并赞叹那些细致入微的用来强化下载相关功能的"小心思"。这些小心思毫不意外地唤醒了用户对过往的感情，用户们毫不吝啬地用"很友好""很用心"高度赞扬了迅雷 X 正式版。

而作为引领区块链 3.0 时代的坚定的践行者，迅雷链凭借完善的开发生态系统和多个关键性创新技术，帮助中国区块链产业在底层核心技术上取得了重要的国际话语权，引领了区块链开发生态的进化与深度变革。

## ▶ 关于迅雷

深圳市迅雷网络技术有限公司（纳斯达克股票代码：XNET）成立于 2003 年，是全球领先的共享计算与区块链技术创新企业，同时也是中国用户数领先、历史悠久的互联网品牌之一。

迅雷基于深耕十几年、获得国际专利的 P2SP 下载加速技术优势，面向个人用户和企业用户打造了丰富的下载加速、区块链、云计算、影音娱乐等产品及服务，为广大用户创造了高效、智能、安全的互联网体验。

此外，迅雷把 P2SP 技术应用于云计算和区块链领域，大力投入基础研究和原始技术创新，拥有了具备高度原创性且世界领先的核心技术。

迅雷一直致力于以技术创新推动社会发展，用优质的产品和服务提升全人类的数字生活品质，获得了广大用户的喜爱和认可。未来，迅雷将在共享计算和区块链的技术优势基础上不断开拓创新，为世界互联网的发展提供驱动力。

ESTUN
AUTOMATION

# 埃斯顿

雇主品牌
## 寄语

欢迎有志于中国自动控制与机器人产业发展的人才进入埃斯顿。海纳百川，有容乃大，在这里，我们一起共创、共赢。

# 埃斯顿
## 成为受认可和受尊重的国际化品牌

**专访埃斯顿自动化股份有限公司副总经理兼人力资源总监张广良**

从"中国制造"到"中国智造",中国制造业在一批优秀企业的带动下,加快迈向全球价值链的中高端。埃斯顿自动化股份有限公司(以下简称"埃斯顿")便是其一。作为中国运动控制领域具有影响力的企业之一,埃斯顿通过推进机器人产品线"ALL Made By ESTUN"战略,形成了核心部件-工业机器人-机器人智能系统工程的全产业链竞争力,构建了从技术、成本到服务的全方位竞争优势。

作为技术密集型企业,高精尖的创新产品研发离不开人才的支持。为此,特邀深谙企业管理与文化建设的埃斯顿副总经理兼人

力资源总监张广良先生，为我们解读埃斯顿崛起背后的传奇力量。

关于个人加入埃斯顿的原因，张广良先生坦言："埃斯顿是一家非常专注的公司，吸引我的是它的事业情怀。埃斯顿公司的发展符合中国及世界工业4.0的发展趋势，尤其是公司领导专注、务实、包容、不急功近利的风格，以及公司体现的文化特质深深地吸引了我。这和埃斯顿的用人标准也是相符的，不是靠诱惑，而是以事业吸引人、激励人。"

## 战略视野全球化

"一个更美好的世界，值得我们全力以赴。"正如埃斯顿的口号描绘的那样，埃斯顿未来的发展有着无限美好的潜力与空间。

埃斯顿的目标是要进入全球自动化解决方案及机器人本体和应用企业第一阵营，埃斯顿发展战略的重要组成部分是用全球化的视野格局去做全球化的人才配置，这也是埃斯顿发展的独到之处。作为中国智能制造的践行者，埃斯顿在转型的同时，通过多次境内外收购，获取先进的技术与人才。从 2016 年开始，埃斯顿参股了意大利视觉技术公司 Euclid Labs，全资收购了全球前十的英国机器人运动控制系统公司 TRIO，控股德国机器人集成商 M.A.i，入股美国 Barrett 等公司，更于 2019 年全资收购了德国机器人产业界的百年老店 CLOOS——这是一家专注于全球焊接领域的机器人金字塔顶尖企业，拥有世界顶尖的焊接与焊接机器人技术及产品。

埃斯顿已经初步完成了国际化布局，具有了全球化视野的核心管理团队与技术研发团队。这些为公司实施运动控制解决方案、智能化协作机器人、康复机器人以及工业 4.0 等方面的发展战略奠定了坚实的基础。

在实际管理中，埃斯顿推崇团队融合，尊重不同文化背景的团队成员，求同存异，增强交流，以共同的理念和目标打造团队；十分重视与海外分支机构的人员互动，定期组织人员到海外进行学习培养与交流。

埃斯顿的人才国际化不仅体现在并购控股外延式的拓展，在中国区以强大的包容性也已实现了人才的多元化与国际化，在南京已经拥有来自马来西亚、德国、意大利、瑞典等国家的高精尖类技术人才。

在人力资源战略上，张广良先生介绍，为支持企业的国际化发展，成为有影响力的国际品牌，埃斯顿立足长远，建立了国际化的企业文化，制定了"企业文化白皮书 V1.0"，在企业使命上，埃斯顿高瞻远瞩，以"人人享受自动化"为使命，以"成为一家受认可和受尊重的国际化企业"为愿景，立志为自动化事业贡献智慧与力量，并深刻主张"专注、诚信、共成长"的企业核心价值观来引导和彰显埃斯顿对人才的期望与承诺。

企业文化是一项长期而系统化的积淀与延续，张广良谈道："过去的成功是否能够支持未来的成功，成为埃斯顿文化建设探索的重要部分。埃斯顿是与国际上的一流企业对标去拼的，无论是在目标上还是行为上，必须落实到员工的思想中，形成思想、能力、绩效之间的良性循环，这要求公司上下所有的员工去理解并做改变。"

为了固本强根，埃斯顿成立了专门的企业文化委员会，成员由不同部门的员工组成，致力于企业文化的传播并发挥文化火种与桥梁作用，以此形成了内部良好的沟通与反馈机制。通过内部刊物《埃斯顿人》《成长》沟通载体，埃斯顿为企业不断注入基业长青所需的生生不息的内生动力。

在管理理念上，埃斯顿坚持管理透明化，鼓励员工创造价值，让公司每一位员工理解公司理念，了解所处业务模块的发展目标，明确公司的发展方向。

## 聚拢有事业情怀的人才

人才是埃斯顿发展的核心竞争力。近年来，埃斯顿之所以能够保持快速增长，得益于多年以来的高研发投入。公司每年投入的研发金额占到营收的 10% 左右，不仅包括国内的技术研发，还包括国际研发团队的建设。

这份专注与事业情怀，使埃斯顿更富有人才吸引力，引进和培养了一大批高尖端人才，进而保有了持续创新的能力，将产品做精做专，日益缩小了与国际巨头公司的差距，塑造与提升了埃斯顿在行业里的领先地位。

在人才观上，张广良表示："一个人做事业的最高境界，一定是专注，以一种匠人精神感动自己，只有这样，才能把事情做好。埃斯顿汇集了运动控制和机器人领域的高水平运动控制系统专家，核心凝聚力就来自事业情怀。"

在选人用人上，埃斯顿推崇具有大局观和集体主义意识，对公司事业热爱，对工作敬业，对同事友好，时刻怀着感恩心态做人做事的人才。

张广良用平实而沉稳的语气说："在这个行业，埃斯顿的企业风格一直都是比较低调、专注、内敛而务实的，我们不倾向于用花哨的方式去吸引人，更青睐的是那些踏踏实实，愿意致力于为民族品牌与实业发展事业而奋斗的人才。无论是对内还是在校园招聘，我们都优选有事业情怀、想做事的人，一起共创共成长。我们公司希望为未来中国自动控制及机器人产业培养一批优质且有职业素养的人才队伍。"

## 内生人才培养破解短缺

在中国国产机器人爆发开始的时候，2013年埃斯顿已完成了首期7款机器人的研发，填补了国内机器人产业在伺服电机和运动控制器等多个核心部件上的技术空白。

时隔六年，埃斯顿厚积薄发，逐步走在了全球前列，其自主创新研发的第三代运动控制解决方案及新品 ProNet Summa 系列驱动器，不但高效满足了工业机械设备小型化、轻量化趋势的需求，还以精准的控制和极速响应速度，满足了市场不断增加的多样性和频繁的产品变更需求，以匠心设计获得2019年度德国 IF 设计大奖。

在工业机器人行业各个职能领域均面临着严重人才缺口的背景下，埃斯顿何以突破瓶颈，一路猛进？张广良先生表示："埃斯顿人才短缺问题得以相对缓解，得益于其外延并购与内生培养的发展模式。"

在人才培养上，埃斯顿以"为中国机器人产业培养高素质人才"为己任，在已开设工业机器人零基础培训班的基础上，适时推出了工业机器人技术应用工程师培养项目，实现了人才培养与企业需求的良好对接，进而为企业打造了所需的高素质复合型人才。

在员工技能拓展上，埃斯顿紧贴客户需求，针对不断增长的多样化市场需求，实施了超级工程师计划，鼓励员工在感兴趣的领域充分发挥潜能，拓展更多的领域，培养能够调试与安装多种机器人的专业技术人才，并按照专业及娴熟程度，分为初级、中级、高级、专家级，通过传帮带为企业发展培养更多的技术类人才。

为了储备未来发展所需的人才，埃斯顿建立了高校毕业生人才储备与培养计划。通过半年至一年的时间，将新生人才先配置于产品与技术服务应用领域，贴近一线市场了解不同客户对应的多种需求，在熟悉了各种行业、各种客户、各种产品与应用场景的基础上，根据个人兴趣与专长，进行售前售后类、研发类、营销类等不同职能领域的发展通道选择，并为他们提供从初级、中级、高级到专家级以及管理级别的成长发展路径，给予员工有深度与广度的职业发展与培养任用。

## 绩效激励助推共创共赢

2015 年埃斯顿在深交所中小板挂牌，资本的助力让埃斯顿进入高速发展阶段。在人才管理上，上市解决了公司如何吸引、激励和保留高级人才，与员工共创共赢的问题。

"无论是董事长还是公司的管理层，都秉持共创、共赢的理念，稳步推进股权激励制度，使股权激励常态化，让员工看到比较稳定的预期，而不是朝令夕改的制度变化。"张广良说，"共创的含义就是共承担、共成长，基于长期发展方向和目标，员工承担相应的责任和创造相应的价值贡献，享受公司成长带来的收益，获得共赢。"

对此，张广良认为，上市只是民营企业可持续发展的第一步，和国际企业竞争还远远不够，结合公司的发展愿景，必须做全方位的改变，这是埃斯顿的节点。他解释，竞争最终靠的是实力，市场留给企业的时间与空间也是十分有限的。任何企业，不进则退，要想在第一梯队里占有一席之地，就必须有竞争的信念与能力。当前，埃斯顿不但要用充满美好前景的事业平台吸引人，还要用有竞争力的收入待遇，公平合理的激励培养机制，人性化的员工关怀来留住人才。

作为技术密集型的公司，埃斯顿逐步加强绩效体系方面的建设与管理，向经营性方向转变。埃斯顿的绩效理念，以价值创造为管理导向，根据业绩结果实行评价与奖惩、优胜劣汰。对绩效表现优秀者，进行对标学习，对绩效差的，进行重点帮扶。推崇能够创造价值的人才，依据创造价值的重要程度和大小，匹配岗位与奖励。

张广良表示："我们鼓励优秀的员工发挥更大的价值，一定要有奖惩机制，贴近人性化的需求，体现仪式感与荣誉感，以此提升员工的自驱力。"

在奖励设定上，埃斯顿倡导员工在本职岗位的专注和敬业，包容探索创新过程中可能的错误和损失，认可和重点培养敢于探索和创新的员工。奖项的设定也包罗万象，从不同维度给予员工及时的肯定与奖励，有长期奖励、过程奖励、业绩奖励和行为奖励，行为奖励包括文化表率之星、工作品质表率之星、工作推土机奖、创新与改善奖等。

随着智能化时代的到来，国产机器人已进入大发展的前期阶段，埃斯顿凭借专注的技术优势，将迎来其高质量发展的重大机遇。谈起未来如何发挥人力资源的战略价值，张广良表示："一个更美好的世界，值得我们全力以赴。作为人力资源领域的负责人，在企业的变革中，要充分挥发战略价值，需要与高层及公司的长远战略发展达成共识。怎么做未来的人力资源战略布局，是一个系统化的工程，需要根据公司不同的发展阶段，循序渐进。"

## ▶ 关于埃斯顿

埃斯顿自动化成立于 1993 年，2015 年深圳证券交易所上市（股票代码：002747），持续投入自主核心技术研发，成功培育当前二大核心业务：自动化核心部件及运动控制系统、工业机器人及智能制造系统。

目前，埃斯顿自动化核心部件产品线已完成从交流伺服系统到运动控制系统解决方案的战略转型，业务模式实现从单轴－单机－单元全面升华；工业机器人产品线依托自主核心部件，推进机器人产品线"ALL Made By ESTUN"战略，形成核心部件－工业机器人－机器人智能系统工程全产业链竞争力，构建从技术、成本到服务的全方位竞争优势。

埃斯顿积极探索"国际化"发展战略，先后收购英国 Trio，控股德国 M.A.i. 公司，入股美国 Barrett、意大利 Euclid 等公司，并在米兰建立欧洲研发中心，更于 2019 年全资收购德国机器人公司克鲁兹，这是一家在全球赫赫有名的百年老店——专注于焊接机器人的金字塔顶级公司，在品牌和技术上初步完成国际化布局。目前，埃斯顿在全球拥有 7 家海外分支机构，业务遍及 60 多个国家和地区。

　　埃斯顿顺应时代发展，走一条具有埃斯顿特色的发展之路，以运动控制系统国内第一品牌为目标，以创造中国机器人世界品牌为使命，秉持"专注、诚信、共成长"的核心价值观，把埃斯顿打造成为一个受到同行认可和尊敬的国际化企业。

　　一个更美好的世界，值得我们全力以赴。